# Die fünf großen Weltreligionen

HERDER / SPEKTRUM

Band 4006

Das Buch

Hinduismus, Buddhismus, Islam, Judentum, Christentum – jede der großen Religionen hat ihre eigene Weltsicht entwickelt. Über die Grenzen der Kontinente hinweg erschließt dieses Buch den Kosmos des Religiösen. Es fragt nicht nur nach den Unterschieden der Lehrmeinungen, sondern auch nach dem Verbindenden. Es offenbart die sehnsuchtsvolle Suche des Menschen nach dem Geheimnis seiner Existenz. Führende und engagierte Religionswissenschaftler zeigen dem Leser in diesem Buch, welche Glaubenshaltungen hinter der Vielfalt überlieferter Texte stecken. Im Dialog bergen sie aus den großen Traditionen das Bleibende und erschließen dem heutigen Menschen neue Wege zum Religiösen. Möglichkeiten zum zukunftsweisenden Gespräch der Religionen eröffnen sich. Eine prägnante, präzise und umfassende Einführung. Das Standardwerk für eine grundlegende Information.

Die Herausgeberin

Emma Brunner-Traut, Ägyptologin, hat sich, angeregt durch Forschungsreisen und Grabungstätigkeit im Orient, schon früh mit fremden Geisteshaltungen auseinandergesetzt und sich im deutschen wie ausländischen Rundfunk und in Zeitschriften vielfach zu lebensdringlichen Fragen ferner Kulturen geäußert. Ihre fachkundlichen Forschungen in Religions- und Kulturgeschichte, Archäologie, Literatur und Kunst haben sich in zahlreichen Publikationen niedergeschlagen. Viele ihrer vielfach neuaufgelegten Bücher sind in fremden Sprachen erschienen wie: Englisch, Holländisch, Spanisch, Italienisch, Polnisch und Japanisch.

# Die fünf großen Weltreligionen

Herausgegeben von
Emma Brunner-Traut

Beiträge von
Peter Schreiner
Adel Theodor Khoury
Josef van Ess
Arnold M. Goldberg
Walter Kasper

Herder
Freiburg · Basel · Wien

Zweite Auflage
der durchgesehenen, korrigierten Neuausgabe 1991


Herstellung: Freiburger Graphische Betriebe 1991
Umschlaggestaltung: Joseph Pölzelbauer
Umschlagmotiv: Meditation am Ganges,
Fotograph: Jean-Louis Nou
ISBN 3-451-04006-7

Dem Volkacher Bund,
dem Initiator des Buches,
zugeeignet

# Inhalt

# Vorwort

> Jede Wahrheit,
> von wem auch immer verkündet,
> kommt vom Heiligen Geist
>
> *Ambrosius*

Das vorliegende Bändchen versucht, über die fünf Weltreligionen einen gerafften Überblick zu geben: „die drei hochstehenden religiösen Weltanschauungen, die ernsthafte Bewunderung wachrufen", wie der Holländische Katechismus formuliert, sowie das Judentum und den christlichen Glauben. Der Chinesische Universismus ist nicht aufgenommen, weil nicht feststeht, inwieweit er den Kampf mit dem Marxismus überlebt hat. Ebenso sind Humanismus und Marxismus, obwohl starke Bewegungen unserer Zeit und reich an Christizismen, nicht behandelt, da sie, ein Absolutes nicht verehrend, sich bewußt von den Religionen absetzen. Die Anordnung der Religionen, die mit gleichem Recht auch anders hätte erfolgen können, führt von den fernöstlichen über die nahöstlichen zur eigenen. Den Vergleich ihres historischen Werdeganges entnehme man der synchronen Übersicht, ihre geographische Ausbreitung der Karte am Ende des Buches.

Das Christentum, obgleich jedermann durch die beiden Testamente und christlich geprägte Umwelt zugänglich, ist den Fremdreligionen beigesellt, um dem Leser eine heutige, aber der Tradition verpflichtete Interpretation an die Hand zu geben. Denn die Botschaft von Jesus dem Christus kann nicht mehr verkündet werden wie in alten Tagen, auch wenn ihre Glaubensinhalte unverändert geblieben sind.

Das Buch wendet sich allgemein an Schüler, Lehrer und Erzieher, im besonderen an Religionspädagogen und Seelsorger, dann aber auch an alle, die an der Frage nach der Religion interessiert sind. Daneben mag es zum Verständnis einiger fremder Völker beitragen.

Den Anstoß zu dieser Betrachtung der Weltreligionen hat der Volkacher Bund gegeben, eine Gemeinschaft, die sich mit lebensdringlichen Fragen auseinandersetzt. Seinen Mitgliedern wurden die Beiträge vor ihrer Drucklegung zur Diskussion gestellt, aus der die Diskussionsnotizen hervorgegangen sind. Sie wollen zum Weiterdenken anregen und mögen dem Leser die eine oder andere stille

Frage beantworten. Ihre Redaktion ist dem damaligen Sprecher des Bundes, Herrn Dr. Otto Küster, zu verdanken.

Allen, die zu dem Gelingen des kleinen Werkes beigetragen haben, voran den Herren Autoren, sei vielmals gedankt. Mein Dank gilt auch dem Verlag für vorzügliche Zusammenarbeit.

Möge das opusculum seinen bescheidenen Beitrag leisten zur Entzerrung der gegenseitigen Urteile und zur Entwölkung der Wahrheit nach jahrtausendelangen Irrgängen.

Tübingen, Februar 1974 — Emma Brunner-Traut

## Vorwort zur Neuausgabe

Es gehört zu den guten Zeichen unserer Zeit, daß die Menschen sich erneut aufschließen für Fragen nach der Sinngebung unseres Lebens. Ihre Lösung kann nur finden, wer einen Schritt aus dem sinnlich-faßbaren Hier und Jetzt hinauswagt. Den Schlüssel zur Öffnung des Tores in die andere Welt hat jeder selbst in der Hand, aber zum rechten Gebrauch des Türöffners bedarf er der Anleitung. Daß Religionen und Philosophien von jeher danach gestrebt haben, dem Menschen bei seiner Suche nach der Wahrheit beizustehen, war immer bekannt, aber heute werden sie in der Erkenntnis, daß die Weichen gegenwärtig falsch gestellt sind, mit lang vergessenem Ernst wieder befragt.

Dieser Neuorientierung ist es zu danken, daß das Herder-Taschenbuch 488 seit 1974 bis zu seiner 16. Auflage 1989 Jahr um Jahr eine Neuauflage erfuhr und auch in polnischer, italienischer und japanischer Übersetzung mehrfach erschien. Die vorliegende Neuausgabe, die in wenigen Wochen ihre zweite Auflage erreicht hat, wurde vom Verlag mit dem schön gestalteten Umschlag versehen, der auf den ersten Blick hinweist auf das, was uns nottut: in Abwendung vom Getriebe still das Ewige zu suchen.

In dem in der Schule eingeführten „Ersatzunterricht" Ethik und Religionskunde mag das Buch Lehrern wie Schülern Wegweiser sein und in den heimgekehrten deutschen Gebieten jedem ermöglichen, sich wieder ungehindert den hohen Gedanken der Heilskünder zu nähern. Allen Lesern Gewinn!

Tübingen, April 1991 — Emma Brunner-Traut

EINLEITUNG

# Die großen Weltreligionen

Wie die Shap Working Party mitteilt, befassen sich 88% der Schulen in einem befragten Bezirk intensiv mit Fremdreligionen. Die Wißbegierde, die die 1969 zum Studium der Weltreligionen gegründete Arbeitsgruppe bei den Schülern konstatiert, hat zunehmend alle Kreise offenen Denkens ergriffen. Der Erfahrungshorizont des modernen Menschen ist weltweit geworden, und nicht zuletzt dadurch hat der Abendländer an Sicherheit verloren. So bewegen ihn gegensätzliche Gründe, sich mit dem anderen aufmerksam zu beschäftigen: primäres Interesse am Fremden ebenso wie eigene Orientierungslosigkeit. Sein Wissenwollen geht über den bloßen Bildungshunger vergangener Tage, sofern er unverbindliche Exotica sammelte, weit hinaus. Er nimmt die Aussagen Andersglaubender ernst, nimmt überhaupt Religion ernst, auch die eigene. So sehr, daß er mit ihr in Streit geraten ist.

Der Christ von heute überprüft seinen Glauben wie letztmals zur Zeit der Reformation auf seinen tragenden Grund und schürft dabei derart tief, daß das Glaubensgebäude manchmal einzustürzen droht. So viele außerreligiöse Motive oder Fremdlenkung im Spiele sein mögen, der Christ ist aus dem dogmatischen Schlummer unreflektierter Geborgenheit erwacht – oder geweckt – und stellt sich den Zumutungen seines Glaubens kritisch entgegen.

Die politisch Engagierten befragen die christliche Lehre nach ihrer Brauchbarkeit für die gegenwärtige Situation der Welt. Sie trauen dem Christentum nicht selbstverständlich zu, daß es die allgemein geforderte „Weltverantwortung“ übernehmen könne; bald gilt es als zu weltverneinend, bald als zu weltverhaftet, als daß es die angestrebte globale Brüdergemeinde zu schaffen imstande wäre. Die den Geist der Kreuzzüge fürchten, wenden sich – oft in demselben Geist – gegen einen Exklusivanspruch des Christentums. Er stehe der universalen Einheit der Menschen quer im Wege.

Wer mit seinen Zielen weniger in die Welt ausgreift, sondern nur mit sich selber einig werden will, auch der sucht außerhalb der

Grenze ihm verkündeten Glaubens nach alternativen Wegweisern. Die Herrschaft der Naturwissenschaften ist einer der Faktoren, die viel Glaubensverwirrung gestiftet haben. Empirischem, zweckgerichtetem Denken ist es in breiter Front gelungen, die Begabung für Transzendentes zu paralysieren. Die Zugehörigkeit zu einer Glaubensgemeinschaft wird nicht mehr wie die zu einer Sprache, zu einer Gesellschaft oder zu einem Staat, in die man hineingeboren ist, hingenommen, sondern skeptisch hinterfragt und jedenfalls zu einer Sache selbständiger Entscheidung gemacht. Die Taufe wird als Manipulation verdächtigt. Im Umhersuchen nach einer geistigen Heimat jenseits der schalen Welt der Realitäten und im Trotz gegen die von den Vätern ererbten Vorstellungen holen sich Ratlose schließlich die Glaubensweisen entlegener Völker heran, um sie auf ihre Gültigkeit distanziert zu prüfen oder es selbst auch mit dieser und jener zu versuchen.

Parallel zur naturwissenschaftlichen Aufklärung hat die historisch-kritische Bibelforschung nicht geringen Glaubensschock hervorgerufen, insbesondere die Forschung zum Leben des Mannes von Nazareth, dessen Person für das Christentum Grund- und Schlußstein bildet. Wurde die Erklärung seiner wunderbaren Geburt als mythische Legende noch wehmütig hingenommen, so hat die Erkenntnis, daß mit dem „Gottessohn" Jesus nichts anderes als ein hellenistischer Würdetitel zugesprochen worden sei, eine Krise eingeleitet, die nur noch gesteigert werden konnte durch die von einigen vollzogene Zurücknahme des Glaubens an die Auferweckung Jesu auf einen Glauben an den Auferweckungsglauben der Urgemeinde. Solche Sicht hat manchem Christen den Atem verschlagen.

Eine weitere Not läßt die Blicke ratsuchend über die Erde schweifen: die Unsicherheit in der Frage richtigen Verhaltens. Der Tastsinn für das Gute empfindet eine zu starke Spannung zwischen hergebrachter Moral und den durch die veränderte Welt gewandelten Forderungen, insbesondere nach Gerechtigkeit und Solidarität. Auf der Suche nach einem über Konventionen und Etikette hinausgehenden annehmbaren Verhaltenskodex stolpert man über die Religionen, macht bei den fremden in demselben Maße bevorzugt halt, wie man sich von der eigenen Glaubensüberlieferung skeptisch entfernt – und wie die Kirche die Morallehre vernachlässigt hat. In der Fremde, wo sich der Suchende zudem mehr an Lehre als an gelebtem Leben orientiert, findet er ethische Größe, vor allem bei den in diesem Buch versammelten Religionen. Deren Sittenlehren, oft fast mit den Religionen identisch, sind voll materialen Inhaltes und tatbezogen.

Ist nicht das Judentum eine Religion des Tuns, fußend auf der Prämisse des Ersten Gebotes? Hat die biblische Tradition nicht den Bund der Juden mit Gott dem Dekalog gleichgesetzt, den Zehn Geboten, die sich imperativisch an das Gewissen des Menschen wenden? Ist Judentum nicht die Religion, in der Wohltätigkeit nicht als freiwillige Gabe gilt, sondern als Gerechtigkeit? Die erste Aufgabe des jüdischen Gemeindevorstehers ist die Armenpflege. Armut gilt als der große soziale Vorwurf gegen die Idee der Brüderlichkeit. Die Brüderlichkeit aller Menschen ist die Hoffnung der Juden für die kommenden Tage der Welt, die sie durch sittliche Tat und Haltung vorbereiten. Das jüdische Volk ist Volk durch seine Torah.

Betont nicht auch der Islam Glaube und Tat in gleichem Maße? Ist der Koran nicht zugleich das islamische Gesetzbuch? Regelt er nicht durch eine Vielzahl von detaillierten Ratschlägen neben dem Verhältnis des Menschen zu Gott auch die Pflichten des einzelnen und der Gemeinschaft im täglichen Leben?

Im fernöstlichen Buddhismus beruht die Erlösung allein auf den geistigen und ethischen Bemühungen des einzelnen. Kein Gnadenakt Gottes, keine göttliche Fügung ist im Spiel. Die sittlichen Vorschriften des Hinduismus dehnen sich sogar auf den Schutz des Tieres als eines gleichberechtigten Lebewesens aus. So kommt es zu der den Abendländer grotesk anmutenden Situation, daß um so mehr Menschen verhungern, je besser die Rinderpest bekämpft wird; daß alte Kühe in Asylen sterben, während Menschen in Gossen verenden; daß das Vieh in Zeiten verödeten Weidelandes, da es in die Felder einbricht, mehr Getreide zertrampelt, als die Menschen, die ihnen nicht wehren, ernten.

Aber Mahatma Gandhi, dessen Haltung so unmittelbar einleuchtet, schenkt eine Erklärung auch dieser Situation, die den befremdeten Abendländer aufhorchen läßt: „Das eigentliche Wesen des Hinduismus besteht in der Beschützung der Kuh", schreibt er. „Die Beschützung der Kuh ist für mich eine der wunderbarsten Erscheinungen in der Entwicklung der Menschheit. Sie bedeutet Beschützung der ganzen dumpfen Kreatur Gottes ... Der Ruf der tieferen Schichten unserer Schöpfung ist um so zwingender, als er wortlos bleibt. Die Beschützung der Kuh bedeutet das Geschenk des Hinduismus an die Welt." Die solche Lebensanleitung konzipiert haben, verdienen, gehört zu werden.

Sosehr die Einsicht, daß und wie andere Religionen Völkern und Menschen den Halt im Leben geben, auf der einen Seite freier denken läßt über die eigene angestammte Art, diesen Halt zu finden, so viel Unbehagen entspringt andererseits dem Nebeneinander vieler Religionen. Allein die Existenz mehrerer Kirchen, Denominationen und Sekten innerhalb des Christentums ist mit Recht ein harter Stein des Anstoßes. Ein Gott, Eine Wahrheit, Ein Glaube – das ist die träumerische Sehnsucht jugendlicher Idealisten. Haben sie gar als 14jähriges Kind den Religionsunterricht abgewählt – manchmal nur, weil es „chic" ist oder man eine Freistunde jeder Art von Unterricht vorzieht –, so taten sie es, ehe sie die denkerische Reife zur theologischen Durchdringung des Glaubens besaßen und bevor sie die Unzulänglichkeiten des Menschen und sein Angewiesensein auf Vergebung und auch dies hatten erfahren können, daß Planen und Machen keine letzten Instanzen sind. Radikal unausgestattet, huldigt diese wohlmeinende Jugend dem leicht gedachten Ziel einer die Menschheit universal umfassenden Religion.

Wie steht es damit? Eine Einheitsreligion? Ein weltumspannendes Christentum? Sind die verschiedenen Religionen sich ausschließende Größen, widersprechen sie einander, oder ergänzen sie sich als partielle Ausdrucksformen des Glaubens an eine sittliche Weltordnung und an eine metaphysische Wirklichkeit? Bedeutet ihr Nebeneinander ein Babel an Mißverständnis, ist es Ausdruck unzureichender menschlicher Deutungsversuche des Unerforschlichen, oder zeigt es dem Menschen verschiedene gleichberechtigte Wege?

Ist christliche Mission heilsnotwendig oder überflüssig, ist sie Ausfluß von Nächstenliebe oder am Ende Arroganz? Oder aber laufen diese Alternativen an heute entworfener Missionspraxis vorbei, die kaum mehr auf individuelle Bekehrung Andersgläubiger noch gar auf kirchlichen Geländegewinn ausgeht, sondern das schöpferische Gespräch jenseits der eigenen Glaubensgrenze sucht, bereit, auf die andern zu hören, hoffend, durch christlichen Dienst Zeichen zu setzen, und anerkennend, daß die Völker die Botschaft der Liebe auf ihre je eigene Weise übersetzen?

Diese und mehr Fragen wird die Lektüre des Buches anregen und wenigstens implicite beantworten. Wo junge Menschen heute nach Entwicklung kritischen Denkvermögens und selbstregierter Entscheidungsfähigkeit streben, wo sie zu einer eigenständigen Lebens- und Weltdeutung zu gelangen und in Dingen der Weltpolitik mitverantwortlich zu handeln sich bemühen, da können sie nicht umhin, über die tragenden Fundamente der Völker, ihre Religionen, zu reflektieren, die fremden wie die eigene.

Voraussetzung für das Studium der Religionen ist sauberes Faktenwissen. Daß sich dies für die fremden nur höchst auszugsweise aneignen läßt, wird immer ein Hindernis zu ihrer Beurteilung bleiben, aber über die Meinung der 14jährigen: „Die Juden haben Gott

Jahwe. Das ist aber ein Götze" oder „Mohammedaner haben eine Moschee und Allah. Es ist aber ein Aberglaube", läßt sich allemal hinauskommen. Allerdings wird die hermeneutische Schwierigkeit der Beschäftigung mit den Weltreligionen nie ganz zu beheben sein. Sind zwar Judentum und Islam aufgrund ihrer relativen Nähe zum Christentum leidlich zugänglich, so ergeben sich bei Hinduismus und Buddhismus kaum lösbare Verstehensprobleme.

Die andersgearteten Denk- und Wertsysteme des Fernen Ostens gestatten ein angeschmiegtes Nachvollziehen jener Glaubensvorstellungen bestenfalls dem Fachmann, der dem Studium dieser alten und großen Religionen sein Leben verschrieben, oder einem, der unter ihren Trägern lange gelebt hat. Das Denken in Antithesen und Ausschließlichkeitsprinzipien herrscht nur, wo griechischer Geist eines vom Logos durchwalteten Universums weht. Das östliche Denken dagegen wird von Grund auf bestimmt durch aspektivisches Nebeneinander von uns Abendländern unvereinbar erscheinenden Größen sowie durch Identifizieren alles dessen, was vom Existenzursprung her in Beziehung zum Menschen steht. Die Gräben zwischen solchen Denkfiguren, die in den Völkern Fleisch geworden sind, lassen sich nicht mit purem gutem Willen überspringen.

Wer sich Geschichte und Phänomenologie anderer Religionen angeeignet hat, wird bei glücklichem Erfolg erfahren, daß er nun eher weniger imstande ist, sich auch zu Sinn und Bedeutung kompetent zu äußern. Aber es mag ihm gelingen, Vorurteile abzubauen und im Vergleich mit dem Andersartigen den Sinn für Normen und Werte zu entwickeln. Auch mag ihm beschert sein, Religion als eine spezifische Weise menschlicher Erfahrung besser zu verstehen, denn das Wesen von Religion kann durch eine Beschäftigung mit mehr als dem eigenen Glauben ebenso vertieft wahrgenommen werden, wie Sprachenvergleich das Wesen der Sprache verdeutlicht.

Darüber hinaus mag das Studium fremder Religionen anregen, über die Ausformung der eigenen nachzudenken; mag auf vernachlässigte oder unterdrückte Bestandteile in ihr hinweisen; mag in der Aussageweise des anderen eine christliche Wahrheit neu aufleuchten, in der Lebensweise des andern christliches Verhalten neu sehen lassen; es mag daneben Verständnis für Entwicklungen von religiösen Institutionen im Christentum vermitteln und schließlich zum besseren Urteil über ethnische Minderheiten im eigenen Lande führen, insgesamt aber ein erneuertes Nachdenken über das angestammte Christentum einleiten, aus dem ein selbständiger Versuch mit diesem Lebensvorschlag entspringt.

Heute ziehen, von fundamentalistischen Islamgruppen abgesehen, sich die Religionen von Absolutheitsansprüchen oder gar aggressiven Haltungen zurück und besinnen sich auf ihren gemeinsamen Ursprung von Gott her und auf die gemeinsamen Aufgaben in der Welt. Für die Christen sei dazu auf die Erklärung des Zweiten Vatikanischen Konzils (1962–65) verwiesen. Es war das erste Konzil, das sich mit dem Verhältnis der Kirche zu den nichtchristlichen Religionen ausdrücklich befaßt hat. „Die katholische Kirche“, so heißt es an zentraler Stelle, „lehnt nichts von alledem ab, was in diesen Religionen wahr und heilig (sic!) ist.“ „In unserer Zeit, da sich die Menschheit von Tag zu Tag enger zusammenschließt und die Beziehungen unter den verschiedenen Völkern sich mehren“, steht an anderer Stelle, „erwägt die Kirche mit um so größerer Aufmerksamkeit, in welchem Verhältnis sie zu den nichtchristlichen Religionen steht“, und schließlich liest man in der Konstitution „Gaudium et spes“: „Gott, der väterlich für alle sorgt, wollte, daß alle Menschen eine Familie bilden und einander in brüderlicher Gesinnung begegnen.“ Das Konzil betonte, daß die Einheit der Menschheit um so mehr gefördert werde, „je besser die Besonderheiten der verschiedenen Kulturen geachtet“ werden. Nicht die Vielfalt sei vom Übel, sondern die Entzweiung, die dadurch entstanden sei, daß jeder das Eigene ungebührlich beachte, nicht aber das, „was den andern zuteil ist“. Die Wertordnung ist verzerrt, „Böses mit Gutem vermengt“ worden.

Es bedarf einer großen Anstrengung, das, was sich antagonistisch oder doch divergent getrennt hat, zu einer heilbringenden Einheit zu sammeln. Die Anstrengung bedeutet namentlich eine innere Umkehr. Die Frage: „Wie kann ich mich als in der Welt und als zugleich in Gott seiend verstehen?“ und die: „Wie kann ich in der Welt und zugleich vor Gott bestehen?“ ist für alle Religionen eine Kernfrage. Der Taufaufschub eines Konstantin etwa ist Ausdruck dessen, daß es leichter ist, als Christ selig zu sterben, denn in der Welt als Christ verantwortlich zu leben.

„Ich habe lieb“, spricht die Weisheit, „die mich lieben, und die nach mir suchen, werden mich finden“ (Prov. 8,17). Das Finden allein genügt nicht, das Lieben, d.i. das Vollziehen, des Erkannten ist unerläßlich. Denn erst ist Handeln leicht, Denken dagegen schwer; aber „nach dem Gedanken handeln unbequem“. So liest es Wilhelm Meister in seinem Lehrbrief.

Die an den Ganges ziehen und im Reich der Mitte Weisheit suchen, machen vielleicht die Entdeckung, daß es weiter ist, vom gedachten Glauben zum konkreten zu gelangen, und außerdem, daß der heimische, konkret gelebt, mehr verheißt, als sie entbehren.

*Emma Brunner-Traut*

# Hinduismus

Von Peter Schreiner

Wer etwas über den Hinduismus erfahren will, hat mehrere Möglichkeiten, sein Ziel zu erreichen; was jedoch mit den verschiedenen Methoden an Information gewonnen werden kann, scheint sich kaum zu decken. Jemand könnte an einer deutschen Universität Indologie studieren; er würde anfangen, Sanskrit zu lernen und sich in langwieriger Kleinarbeit in die Unzahl indischer Texte einzuarbeiten; seine Lektüre bestünde aus Hymnen der Veden, Abhandlungen über Opferriten und ihre esoterische Bedeutung, aus mythologischen Erzählungen über die Entstehung des Universums oder das Geschick und die Abenteuer der Götter, aus philosophisch-mystischen Spekulationen und scholastisch anmutenden Abhandlungen über Sein und Nichtsein von Welt und Absolutum, dem Vielen und dem Einen; er würde vertraut mit den Idealgestalten der großen Epen, mit frommen Betrachtungen, aber auch mit frivoler Erzählungsliteratur, höfischen Dramen und wissenschaftlichen Kompendien für jeden nur erdenklichen Lebensbereich von Grammatik über Politik bis zur Liebeskunst. Denn all das und vieles mehr findet sich unter den Quellen und Texten aus Indien. Der Plan, etwas über „den" Hinduismus sagen und lernen zu wollen, wird wahrscheinlich spätestens im fünften Semester aufgegeben werden.

Ein anderer ist vielleicht weniger akademisch veranlagt und betrachtet seine Neugier bezüglich des Hinduismus mehr als eine Liebhaberei. Sollte er sich auf das verlassen wollen, was unsere Zeitungen und Zeitschriften hin und wieder über Indien berichten, so wird sein Bild bestimmt sein von heiligen Kühen, die ebenso unter Hunger leiden wie die Masse der Bevölkerung; von Bettlern und Mönchen, die für den Fortschritt des Landes und seine Wirtschaft eine ebenso große Belastung bedeuten, wie sie das Bild vom passiven und vergeistigten Indien verbreiten und fördern helfen. Man hat sicherlich von der Bevölkerungsexplosion gehört und daß das etwas mit dem immer noch weit verbreiteten Analphabetismus, der weitgehend bäuerlich-dörflichen Struktur des Landes und gewissen religiösen Vorstellungen über die Rolle der Söhne für das Wohlergehen der Eltern im Jenseits zu tun hat. Man kennt darüber hinaus das Kastensystem und hat von Witwenverbrennung und Kinderheirat gehört; man liest von Gandhi, Gewaltlosigkeit und Kämpfen zwischen Moslems und Hindus – und fragt sich vielleicht dann, was nun wirklich „Hinduismus" sei.

Wieder ein anderes Bild bietet sich dem Touristen, wenn er Indien bereist und zu seinem Erstaunen feststellt, daß er ein Land von annähernd der Größe Europas vor sich hat, das in geographischer Vielfalt und Abwechslung Europa kaum nachstehen dürfte. Er macht die schmerzliche Entdeckung, daß er sich mit bestenfalls fünf Prozent der Bevölkerung wirklich unterhalten kann – jenen fünf Prozent, die außer einer der 15 offiziellen Sprachen oder Hunderten von Dialekten Indiens *auch* Englisch sprechen können. Aber vielleicht versucht er, in den ausdruckslosen Gesichtern der Slumbewohner Bombays oder Kalkuttas zu lesen und ist überrascht, die gleiche ausdruckslose Versunkenheit auf den Gesichtern der Pilger am Ufer des Ganges wiederzufinden. Er wird vor den einsam schönen Tempelbauten vergangener Jahrhunderte stehen und sich ebenso ausgeschlossen fühlen wie angesichts des Schildes „for non-Hindus not allowed" in den großen noch lebendigen Tempeln in Puri, Madurai oder Benares. Vielleicht begegnet er dem Prunk eines Hochzeitszuges oder der Festprozession anläßlich des Geburtstages eines großen Heiligen oder einer kleinen Schar Menschen, die einen Toten zu den Verbrennungsstätten tragen. Er wird Menschen beobachten, die Blumenkränze um Götterbilder legen – Bilder von Vishnu und Shiva und Krishna und Kali und Hanuman und Lakshmi; er sieht die gleiche Ehrfurcht hier und in den Menschen, die die Verbrennungsstätte Gandhis besuchen kommen, und er fühlt, daß das Recht des Tempelpriesters auf eine Geldspende vom Recht des Bettlers auf seine Gabe gar nicht so verschieden sein kann. Und die Grenze beginnt zu verschwimmen zwischen dem Aberglauben einer unfruchtbaren Frau, die eine Pilgerfahrt unternimmt, um einen Stein an einen bestimmten Baum zu binden, und dem Glauben des Pilgers, der nach Benares kommt, um vom Ganges alle seine Sünden abwaschen zu lassen. Dem Ansinnen, etwas über „den" Hinduismus zu sagen, wird auch unser Tourist mit größtem Mißtrauen begegnen.

Lassen Sie mich noch einen Augenblick fortfahren, die Schwierigkeit zu illustrieren, mit der wir es hier zu tun haben; es ist ja nicht nur eine methodische Schwierigkeit, sondern sie betrifft die Sache selber und ist ebenso typisch für das Bild des Hinduismus wie all die einzelnen Mosaiksteinchen, die wir so sammeln können. Die

Fragestellung will ja selber bereits eine zentrale Aussage über den Hinduismus machen.

„Die Einheit des Hinduismus" nannte sich ein Vortrag, den ein westlich gebildeter und im Westen lehrender Hindu vor einem westlichen Publikum hielt und in dem das partikularistische, missionarische Selbstverständnis des Christentums einem universalistischen, toleranten Hinduismus gegenübergestellt wurde, einem Hinduismus, der die Verkörperung der Einheit ohne Negation (abgesehen von der Negation aller Negationen) zu sein vorgab. Als sich jedoch die Frage erhob, ob denn in der jahrtausendealten Tradition der religiösen und philosophischen Schulen und Sekten Indiens bis hinauf in die jüngste Vergangenheit irgendwo dieser Gedanke ausgesprochen sei, mußte sie verneint werden. Dennoch kann eine solche Einheit als „Geist des Hinduismus" gepredigt werden.

Wer es sich also vornimmt, vom Hinduismus zu sprechen, muß von der Unmöglichkeit des Unterfangens ausgehen, den Geist mit der konkreten Form auf einen Nenner zu bringen. Der theoretische Universalismus ist kaum mit der Unzahl praktischer Partikularismen zu versöhnen. Nicht einmal die Minimaldefinition von Hindu – ein Inder, der ein Hindu sein will – scheint mehr zu gelten in Zeiten, wo amerikanische Collegestudenten ihr Krishna-Bewußtsein entwickeln und Ramakrishna-Mission und Schulen für transzendentale Meditation den Geist des Hinduismus im Westen bekannt machen.

Trotzdem bleibt es berechtigt, von der geographischen Lokalisierung des Hinduismus als der Religion Indiens auszugehen, denn der Hinduismus ist die geschichtlich gewachsene Religion eines Volkes, das – in sich alles andere als homogen – durch sein Zusammenleben und Zusammenwachsen auf dem Subkontinent Indien bestimmt ist. Die Bezeichnung „Hindu" selber entspringt nicht dem Selbstverständnis der Hindus, sondern ist die Bezeichnung, die „Ausländer", nämlich Moslems, den Bewohnern des Landes jenseits des Indus gaben.

Wenn wir im folgenden von Hinduismus sprechen, dann in dem Bewußtsein, daß der Hinduismus keine abstrakte Wesenheit ist und daß die anfangs genannten Methoden und Erfahrungsbereiche – des Indologen wie des interessierten Touristen – durchaus die Sache betreffen. Es ergibt sich jedoch kein System, das sich – auf den Begriff gebracht – als System des Hinduismus präsentieren ließe. Es gibt ohne Zweifel Systeme: die sechs philosophischen Schulen, die in jedem Handbuch beschrieben werden, sind durchaus systematische Darstellungen eines Welt-, Menschen- und Gottesbildes (sofern ein

Gott in dem System vorkommt), und sie verfolgen konsequent ihre je eigene Methode. Aber sie sind eben miteinander unvereinbar – und machen das in ihrer Polemik gegen andere Schulen und Überzeugungen auch mehr als deutlich; und dennoch gehören sie alle zu dem, was wir Hinduismus nennen. Bei aller Vielfalt ist der Hinduismus als indische Lokaltradition darüber hinaus eminent praktisch; er ist an konkrete Orte und Zeiten gebunden. Nur, um den Hinduismus zu verstehen, ist es nicht genug, diese Tatsache abstrakt festzustellen.

Wie soll man es also anfangen, mehr zu sagen, als was Hinduismus *nicht* ist – ohne System, ohne allgemein akzeptierte Dogmen, sogar ohne eine saubere Definition? Es bleibt nichts anderes übrig, als einen der vielen Kristallisationspunkte des Hinduismus herauszugreifen, um wenigstens eines der vielen möglichen Bilder des Ganzen zu erhalten. Man könnte dafür die Beschreibung eines Festes wählen oder den Besuch bei einer berühmten Pilgerstätte; man könnte anhand der Entwicklungsgeschichte eines zentralen Begriffes das Wachstum dieser Religion umreißen oder von einem der vielen möglichen und tatsächlichen Gedankensysteme aus das Ganze in den Blick nehmen. Ich habe mich für einen Text entschieden, der mir als Leitfaden und Beleg gleichzeitig dienen soll und der hoffentlich ein bißchen von all den anderen Betrachtungsweisen ebenfalls zur Sprache kommen läßt. Wir werden vom indischen Traditionsverständnis sprechen müssen, von der hinduistischen Weise, die menschliche Situation in dieser Welt zu sehen, von der Geisteshaltung, mit der diese Situation gemeistert werden soll, und also letztlich von Erlösung, vom Absoluten, von Gott.

Kaum ein anderer Text bietet einen geeigneteren Ausgangspunkt dafür als die berühmte *Bhagavadgita* (BhG). Was zunächst die Eigenart und Einordnung des Textes im allgemeinen betrifft, so geht es sicherlich ein bißchen zu weit, seine Bedeutung für den Hinduismus mit der des Neuen Testamentes im Christentum gleichsetzen zu wollen, wie es sowohl von westlicher wie auch von indischer Seite aus geschehen ist; aber immerhin dürfte die BhG der meistgelesene hinduistische Text sein. Ihr Einfluß und ihre Anerkennung überschreiten weithin die Grenzen der vishnuitischen oder krishnaitischen Sekte, aus der sie stammt. Sie diente als Grundtext für philosophische Kommentare der gegensätzlichsten Schulen und findet auch heute noch ihre Verehrer und Kommentatoren. Aus unserem Jahrhundert seien nur Tilak, Gandhi und Radhakrishnan genannt. Es handelt sich also nicht um ein Stück toter Geschichte von bestenfalls akademischem Interesse, sondern um ein Stück lebendiger Tradition. Die Datierung des Textes ist bezeichnenderweise bis heute nicht gelungen; man setzt ihn meistens ins zweite vorchristliche Jahrhundert. Der früheste Beleg für den uns erhaltenen Text stammt jedoch erst vom Ende des siebten Jahrhunderts n. Chr. und ist in dem Kommentar des Shankara enthalten, der jedes Wort des Textes wiederholt, bevor er es kommentiert.

Nach hinduistischem Verständnis haben wir ein Stück Smriti, d. h. „Erinnerung" bzw. Tradition, vor uns, obwohl der Text de facto oft wie ein Teil der Shruti, d. h. wörtlich „Gehörtes" oder Offenbarung, behandelt wird. „Offenbarung" sind im engeren Sinne nur die Veden, die von Dichter-Sehern „geschaut" wurden, Hymnen, die das Opfer begleiteten und die für die in Indien eingewanderten Arya (Arier), wie sie sich selbst nannten, Mittelpunkt ihrer Religion und Kennzeichen ihrer Identität waren. Letzteres sind sie bis zu einem gewissen Grad geblieben, auch nachdem ihre Sprache den meisten unverständlich geworden und ihre religiöse Relevanz längst verschwunden war.

Die BhG zählt sich selber unter die Upanishaden, d. h. jene Textgruppe, die in philosophisch-mystischer Spekulation die Bedeutung der Veden zu ergründen sucht. Wie viele der Upanishaden ist sie der Bericht eines Lehrgesprächs, hier jedoch nicht zwischen dem uneingeweihten Schüler und dem Lehrer, der die Wahrheit unmittelbar erfahren hat, sondern zwischen Arjuna (sprich: Ardschuna), einem Helden aus der Kriegerkaste, und seinem Wagenlenker Krishna, der, wie sich im Laufe des Gespräches herausstellt, Gott selber ist.

Zur Situation des Lehrgespräches mag angemerkt werden, daß sie fast symbolisch für den Hinduismus ist; denn seine religiöse Wahrheit muß nicht, ja kann nicht etwa missionarisch verbreitet werden. Jedes Individuum wird von sich aus den Punkt erreichen, wo es auf die Suche geht nach seinem Lehrer. Der Zustand der Unerlöstheit wird nicht im Angebot irgendwelchen Heils zu Bewußtsein gebracht; sondern früher oder später drängt jeder Mensch von sich aus nach einem Mehr, nach einer Erfüllung, die er in seiner gegenwärtigen Situation nicht finden kann.

Mutatis mutandis ist das die Ausgangssituation der BhG. Das Gespräch zwischen Arjuna und Krishna ist eine kurze Episode aus dem Mahabharata, dem großen indischen Epos. Sie ist eingebaut in diese monumentale Verserzählung vom Bruderkrieg zwischen den Nachkommen des Königs Bharata. Diese wiederum – und damit auch die BhG – zählt zur sogenannten anonymen Literatur, die im wahrsten Sinne des Wortes über Jahrhunderte hin gewachsen ist, und die folglich voller disparater und oft widersprüchlicher Einschübe, Ergänzungen und Wiederholungen steckt (was man durchaus auch vom Hinduismus als ganzem sagen könnte). Die BhG selber ist vermutlich ein solcher Einschub; das ganze Gespräch findet statt, während Arjuna und Krishna zwischen den beiden kampfbereiten Armeen stehen. Arjuna bedarf der Belehrung, weil ihn angesichts des gegnerischen Heeres, in dem er viele seiner Verwandten und Freunde erblickt, Mutlosigkeit und Verzweiflung befallen. Der Lehrgehalt von Krishnas Rede ist gleichsam die Synthese höchst verschiedener Anschauungen und geistesgeschichtlicher Ebenen. Allerdings wird von indischer (und nicht nur von indischer) Seite unbedingt daran festgehalten, daß die BhG das Werk eines einzigen Autors ist; man will in ihr das bewußte Bemühen sehen, gegensätzliche Anschauungen und Lehren in einer Art mystischer Wahrheit zu versöhnen. Eine gründliche Analyse unter philologischen, formgeschichtlichen und anderen Gesichtspunkten steht immer noch aus. Sie wird auch hier nicht geboten werden. Es kam darauf an, ein Beispiel zu finden für die indische Weise, die Einheit der Tradition zu wahren, ohne ihr Wachstum zu unterbinden.

Denn was von der BhG gesagt werden kann, gilt auch vom Hinduismus im allgemeinen: Die Anonymität der BhG entspricht der Tatsache, daß der Hinduismus eine geschichtlich gewachsene Religion ist und also keinen Gründer hat. Damit fällt auch ein „Ur-Hinduismus" als geschichtliches Ideal und als Maßstab für Entwicklungen und Entstellungen weg. Ein Vergleich dessen, was vor 3000 Jahren Hinduismus war und was wir heute als Hinduismus vor uns haben, läßt sich nicht unter normativen Gesichtspunkten durchführen. Ebensowenig läßt sich eine dritte, außerhalb der hinduistischen Tradition stehende Größe finden, mit der die Frage der Echtheit oder auch nur des relativen Gewichts entschieden werden könnte. Ausschlaggebend ist letztlich die geschichtliche Kontinuität selber – wiederum nicht im Sinne einer logischen Entwicklung (etwa des Verständnisses irgendwelcher dogmatischer Sätze), sondern als Kontinuität im Bewußtsein der jeweiligen Gegenwart. Es handelt sich um eine Kontinuität, die oft auf die bloße Behauptung der Kontinuität reduziert werden kann. Man könnte hier Gandhi anführen und die Art und Weise, wie er für seine Interpretation oder Uminterpretation des Kastensystems zwischen echter Tradition und Entstellung unterscheidet. Neue Gedanken und ungewohnte Vorstellungen werden eingebettet in den Strom alter Lehren und Weisheiten und profitieren so von deren Autorität und Würde; und oft wird Einklang mit der Tradition eben lediglich behauptet. Die üblichste und, wie es scheint, typisch hinduistische Weise, dies zu tun, hat man Inklusivismus genannt. Man läßt den Standpunkt des anderen gelten, nimmt ihn aber gleichzeitig für sich und seine eigene Wahrheit in Anspruch.

Angewandt auf den Henotheismus der BhG lautet das so: „Selbst jene, die als Anhänger anderer Götter gläubig opfern, auch sie opfern keinem anderen als mir allein, obgleich sie es nicht nach dem wahren Gesetze (nicht regelgemäß) tun; denn ich bin der Genießer und der Herr aller Opfer. Aber diese Menschen kennen mich nicht in meiner wahren Natur ..." (BhG IX, 23–24. Alle Zitate aus der BhG bzw. Verweise werden im folgenden nur mit Kapitel und Vers angegeben.) Diese Praxis des Unterordnens zusammen mit der weit weniger bekannten Polemik und Intoleranz einzelner Sekten und Schulen des Hinduismus untereinander sollte man im Auge behalten, wenn von der Toleranz des Hinduismus die Rede ist. Auch heute verbirgt sich oft eben jene Haltung des Inklusivismus hinter der Metapher von den vielen Wegen, die alle auf denselben Gipfel führen, bzw. von den vielen Strömen, die alle dem Meer zufließen.

Soviel zum hinduistischen Traditionsverständnis, soweit es die BhG betrifft bzw. von ihr selbst bezeugt wird. Doch kehren wir zur Ausgangssituation der BhG zurück, und lassen wir uns von ihr über die hinduistische Sicht des Menschen belehren. Arjuna steht mit seinem Heer den gegnerischen Schlachtreihen gegenüber; als er jedoch dort viele seiner Verwandten, Freunde und Lehrer erblickt, überfallen ihn Niedergeschlagenheit und Mutlosigkeit. Er sieht keinen Sinn in diesem Kampf, und er läßt die Waffen sinken. Krishna, der an dieser Stelle seine Unterweisung beginnt, will ihn davon überzeugen, daß Kampf die für ihn rechte Handlungsweise ist; und in der Tat beginnt schließlich jener Kampf, der die Familie praktisch ausrottet.

Dieser tragische Konflikt mag zunächst wie ein rein menschliches Dilemma aussehen; für Arjuna geht es jedoch um weit mehr. Er sieht ein religiöses Problem; allgemein gesprochen: Er findet kein Heil darin, seine eigenen Leute in der Schlacht zu töten (I, 31), und das heißt, er fürchtet um den Bestand der Gemeinschaft und damit auch der ewigen Ordnung, die diese Gemeinschaft leitet. „Wird eine Familie zerstört, so gehen auch ihre ewigen Gesetze zugrunde; und wenn die Gesetze untergehen, verfällt die ganze Familie der Gesetzlosigkeit" (I, 40).

Der hier als „Gesetz" übersetzte Begriff Dharma, genauer sanatana Dharma, d.h. ewige Ordnung oder ewiges Gesetz, ist die Bezeichnung, die Hindus selber für ihre Religion verwenden.

Dharma umfaßt den ganzen Bereich von Moral, Kultus, Recht und Sitte, gewissermaßen den ‚Hindu way of life'. Er ist eine Ordnung dieser Welt, sein Vollzug wirkt jedoch jenseitiges Heil. Dabei handelt es sich nicht um ein philosophisches Prinzip oder eine begriffliche Abstraktion, sondern um die empirisch feststellbaren Regeln des Zusammenlebens der Gemeinschaft der Arya. So überrascht es nicht, daß synonym mit sanatana Dharma der Ausdruck varnaashrama Dharma für den Hinduismus gebraucht wird, d. h. der Dharma von den Kasten (varna) und Lebensstadien (ashrama); denn damit sind die Werte genannt, die prägend sind für die hinduistische Gemeinschaft. Arjuna folgert dementsprechend, daß die Zerstörung der gemeinsamen Ordnung zum Zusammenbruch des Kastensystems, d.h. zur Vermischung der Kasten führen würde; Vermischung der Kasten aber führt die Familie zur Hölle (I, 41–42).

Deutlicher könnte der Zusammenhang, die untrennbare Verbindung von sozialer und religiöser Ordnung kaum gemacht werden. Wie so oft im Hinduismus muß auch hier – und gerade hier – zwischen Ideal und Wirklichkeit unterschieden werden. Die Wirklichkeit, das sind die Tausende nach Beruf und Gegend geschiedenen Unterkasten, das sind die zahllosen Vorschriften im Falle gegenseitiger Verunreinigung, das sind die Regeln für Tischgemeinschaft und Heirat und all die anderen Gesetze, die in den Dharmalehrbüchern festgelegt oder auch einfach, auf ungeschriebener Tradition beruhend, das Leben eines Kastenhindus in den ihm gesetzten Grenzen halten. Das Ideal ist weit weniger starr und bedrückend; es kennt keine außerhalb des Kastensystems stehenden Unberührbaren und kann wohl als der Versuch verstanden werden, die tatsächliche Verschiedenheit der Menschen und ihrer Veranlagungen in Rechnung zu stellen. Ähnliche Theorien kennen wir ja auch im Westen, etwa bei Platon. Ob dieses Ideal je verwirklicht war, ja, ob es am Anfang steht oder bloß nachträgliche Idealisierung ist, ist so ungewiß, wie der historische Ursprung des Kastenwesens unbekannt ist. Immerhin findet sich die bekannte Einteilung in die vier Hauptkasten auch in der BhG: „Ruhe, Selbstbeherrschung, Askese, Reinheit, Geduld und Aufrichtigkeit, Wissen, Weisheit und religiöser Glaube sind die aus seiner Natur entstandenen Taten des Brahmanen. Heldentum, Energie, Festigkeit, Geschick, Standhaftigkeit im Kampf, Freigebigkeit und Herrschen, das sind die aus seiner Natur entstandenen Taten eines Kshatriya. Ackerbau, Viehzucht und Handel sind die aus seiner Natur entstandenen Taten eines Vaishya. Dienende Arbeiten sind die aus seiner Natur entstandenen Taten eines Shudra" (XVIII, 42–44).

Eng mit dem Kastensystem verbunden, aber noch schwerer zu verwirklichen, ist die Vorstellung von den vier Lebensstadien. Auch wenn sie in der BhG nicht ausdrücklich zur Sprache kommt, so soll sie doch hier kurz erwähnt werden. Wie beim Kastensystem liegt auch hier die Überzeugung zugrunde, daß die Verschiedenheit und Vielfalt menschlicher Bedürfnisse und Talente nach einer Stufenordnung der Werte und Aufgaben verlangt. Angewandt auf den zeitlichen Ablauf eines menschlichen Lebens, heißt das, daß theoretisch der Mensch das erste Viertel seines Lebens als Schüler – bei einem Lehrer, Guru – verbringen soll, wo er mit der Tradition seines Volkes vertraut gemacht wird, also die Veden, Gesetze usw. lernt. Während dieser Zeit lebt der junge Mensch unter dem Gelübde der Enthaltsamkeit. Der Dharma verlangt jedoch von ihm, daß er seinen Beitrag leistet für Bestand und Wohlergehen der Gemeinschaft; er beginnt seinen zweiten Lebensabschnitt, wenn er heiratet, eine Familie gründet und einen Beruf ausübt. Niemand nimmt es ihm übel, wenn er in all der weltlichen Geschäftigkeit voll und ganz aufgeht. Er sollte sich jedoch zurückziehen, sobald der erste Enkel geboren ist. Nur die Frau kann einen Mann in diesem dritten Lebensstadium noch begleiten, das all den Beschäftigungen und Dingen gewidmet sein kann, die bisher zu kurz gekommen sind. Das vierte Stadium ist das des Einsiedlers, das in die endgültige Befreiung führen soll; zum Zeichen dafür werden alle Bande der Kaste und Familie gebrochen.

Daß Entsagung und Befreiung von allen weltlichen Banden die höchste und letzte Stufe ist, besagt aber nicht, daß andere Dinge dem Menschen nicht angemessen sein könnten. Der Hinduismus nennt immer wieder vier Werte, für die im Leben eines Menschen Platz sein sollte. Kama, d.h. Verlangen, Begierde, wird als erster aufgeführt. Vielleicht steht dahinter die Erkenntnis, daß es der Mensch nur selten schafft, höhere Ziele auf Kosten seiner fundamentalen, natürlichen Anlagen anzustreben. Alle Bereiche menschlichen Lebens haben ihren Wert, und man gesteht ihnen das Recht zu, sich auszudrücken und sich zu erschöpfen, um sie letztlich zu überschreiten und hinter sich zu lassen. Der Gedanke an den möglichen Mißbrauch einer derartigen Einstellung liegt nahe und verweist auf die Ambivalenz, die so viele hinduistische Erkenntnisse kennzeichnet. Dasselbe gilt für Artha, d.h. Wohlstand, Vermögen, Ansehen, Erfolg und was sonst noch alles an diesseitigen Werten darunter fallen mag. Wieder eine andere Ebene ist erreicht, wenn Dharma, d.h. rechtschaffenes Leben im Blick auf die Gemeinschaft und seinen größeren, nicht nur weltlichen Rahmen, die treibende Kraft für einen Menschen wird. All das aber muß zurückgelassen werden, wenn Moksha, Erlösung, Befreiung, erreicht werden soll..

Um der historischen Genauigkeit willen muß hier erwähnt werden, daß sich hinter solchen Systematisierungen höchstwahrscheinlich verschiedene Religiositäten verbergen, die zeitlich oder/und geographisch und milieumäßig getrennt bestanden und erst nachträglich zusammengefaßt wurden. Wichtig bleibt die Haltung, die den Hinduismus doch sehr tief geprägt hat und die vielleicht einerseits dazu beiträgt, das Chaos zu erklären, als das uns diese Religion oft entgegentritt, die andrerseits aber auch bestimmend ist für die Gelassenheit und Zuversicht, mit der man den so oft zerstörerischen Kräften des Menschen begegnet.

Ein gewisser Widerspruch zwischen der durch die Suche nach Moksha bestimmten Religiosität, die mit allem brechen muß, und der durch die Erfüllung des Dharma gekennzeichneten Religiosität bleibt jedoch bestehen. Es konnte dem Hinduismus allerdings nicht schwerfallen, sie zu versöhnen, da er beide Lebensweisen und Werte im Rahmen der allgemein indischen Vorstellung von der Seelenwanderung unterbringen konnte.

Damit sind einige hinduistische Grundkategorien umrissen – die vier Kasten, die vier Lebensstadien und die vier Grundwerte –, und wir kommen noch einmal zurück zur Ausgangssituation der BhG und nähern uns gleichzeitig einer der möglichen hinduistischen Antworten auf Arjunas Dilemma: Er befindet sich als Angehöriger der Kriegerkaste und als Mann eines bestimmten Alters in einer Situation, wo es einfach sein Dharma (svadharma), seine Pflicht ist, in bestimmter Weise zu handeln, d. h. zu kämpfen, zu töten, sein Heer zu führen, zu gewinnen oder zu verlieren. Wir spüren hier einen Übergang, der sich fast unmerklich vollzieht, von Dharma als dem moralischen Gesetz, das zwischenmenschliche Beziehungen regelt, zu einer Art Naturgesetz, dem jeder einzelne und die ganze Gesellschaft, ihre Politik und ihre Geschichte folgen müssen, ob sie es wollen oder nicht. So verkündet Krishna: „Es ist besser, den eigenen Dharma (svadharma) unvollkommen (zu erfüllen), als den Dharma eines anderen vollkommen (zu erfüllen); wer die durch seine Natur bestimmten Taten vollzieht, der zieht sich keine Sünde zu. Niemand soll das Tun aufgeben, das aus seiner Natur stammt, auch wenn es mit Fehlern behaftet ist. Wie das Feuer vom Rauch, so sind alle Unternehmungen von Fehlern umhüllt" (XVIII, 47 48).

Hier ist ein weiterer Grundbegriff erwähnt: Tun, Karma, so nennt der Inder das Gesetz, das sein Handeln, ja jede Situation seines Lebens bestimmt. Es sagt ihm, daß keine Tat verlorengeht, daß nichts geschieht, ohne seine Wirkung zu zeitigen. Das gegenwärtige Leben ist geprägt von dem guten und bösen Tun voriger Existenzen, denn dessen Wirkung haftet einer Seele an und bestimmt ihren Lauf, bis sich die Energie vergangenen Tuns von selbst erschöpft hat. In seiner ungeschehenen Form, als der Dharma der Vorschriften, die das gegenwärtige Leben regeln, bietet dieses Gesetz aber gleichzeitig die Möglichkeit, zukünftige Existenzen zu beeinflussen, indem man gutes Karma, gute Tatsubstanz, ansammelt. Es wird wirken, indem es zu Lebensweisen führt (z.B. innerhalb des Kastensystems), die für die endgültige Befreiung und Erlösung günstiger sind als die gegenwärtige.

Das ist in sehr groben Zügen das Menschen- und Weltbild des Hindu, der Rahmen, in dem er sich und sein Leben unterbringen muß. Er führt sein Leben unter einem unerbittlichen Gesetz automatischer Vergeltung, unter Regeln, die nur bei genauester Beobachtung eine Verbesserung seines Zustandes versprechen. Er sieht sich einer unabsehbar langen Reihe unerwünschter Existenzen gegenüber, voller tragischer Konflikte, voller ungestillter Sehnsüchte; er lebt geborgen in einer eng verwobenen menschlichen Gemeinschaft und möchte doch als einzelner ihre Regeln und Gesetze gewaltsam sprengen, um zu Freiheit und Befreiung zu gelangen. Das ist die Lage Arjunas, und das ist die Lage jedes Hindus in der Welt und der Kette der Existenzen. Es ist eine pessimistische Grundhaltung, die sich hier ausspricht und die für den Hinduismus typisch ist, der sie ja in gewissem Sinne selber schafft. Sie ist so typisch wie die Spiritualitäten, die er schafft, um mit dieser Analyse menschlichen Lebens fertig zu werden.

Unter den zahlreichen Geisteshaltungen und Antworten, die der Hinduismus anbietet, kann die Seelenwanderungslehre zur Quelle des Trostes werden, denn sie setzt die Existenz einer Seele (Atman) voraus, die unvergänglich ist und also über den Wechselfällen und der Unbill unserer weltlichen Geschicke steht. Krishna versucht Arjuna davon zu überzeugen. „Der in aller Körper weilt, o Arjuna, ist ewig, unzerstörbar. Darum sollst du kein Wesen beklagen" (II, 30). „Wie die Seele in diesem Körper Kindheit, Jugend und Alter durchläuft, so erlangt sie auch einen anderen Körper. Der Weise wird dadurch nicht verwirrt" (II, 13). „Diese Körper haben ein Ende, die mit diesen Körpern verbundene Seele aber ist unvergänglich und unermeßlich, so heißt es. Deshalb kämpfe, o Arjuna. Wer (von diesem Selbst) meint, es sei ein Töter, oder wer meint, es werde getötet, beide sind im Irrtum. Es tötet nicht, noch wird es getötet... Wie ein Mann abgetragene Kleider ablegt und andere, neue anzieht, so legt auch die Seele die abgetragenen Körper ab und geht in andere, neue ein" (II, 18 19 22).

Vom Glauben an dieses die unzerstörbare, personale Individualität übersteigende Geistprinzip im Menschen ist es nicht mehr weit bis zu jenem Geistmonismus, den man in den Spekulationen der Upanishaden begründet finden kann, und der, verbunden mit einem konsequenten Illusionismus, durch die Werke Shankaras solch überwältigenden Einfluß gewonnen hat. Nach dieser Lehre gibt es nur *ein* Seinsprinzip, welches dasselbe ist im Menschen und im Kosmos; und damit verglichen, kann alles andere Seiende nur bloße Illusion, Maya, sein. Der Einfluß dieser Lehre auf die gebildeten Schichten und die Tatsache, daß diese Philosophie durch die Ramakrishna-Mission weite Verbreitung im Westen gefunden hat, dürfte dazu geführt haben, daß wir dazu neigen, die Unwirklichkeit, Scheinhaftigkeit der Welt als *das* Merkmal indischer Religiosität anzusehen. Es ist jedoch nur eine, wenn auch eine sehr eindrucksvolle Weise, die Unerlöstheit der Weltmenschen zum Ausdruck zu bringen. Als Unerlöste bedürfen sie der befreienden Erkenntnis, der Einsicht in das wahrhaft Seiende, die Identität ihres Selbstes mit diesem Seienden, dem Brahman, um den magischen Schleier vor ihren Augen wegzuziehen und ihr Bewußtsein und damit sich selbst dem endlosen Kreislauf der Geburten zu entziehen. Zwar wurde diese Lehre des strikten Geistmonismus und Illusionismus erst lange nach der Zeit der BhG artikuliert; aber steht nicht eine ähnliche Haltung hinter dem theistischen Monismus der folgenden Worte Krishnas: „Nie gab es eine Zeit, da ich nicht war oder du oder jene Fürsten, noch wird je eine Zeit kommen, da wir alle nicht mehr sein werden. ... Das Nichtseiende kann nicht sein, das Seiende kann nicht aufhören zu sein. Die Grenze aber zwischen diesen beiden wurde von den Wahrheitssehern gesehen" (II, 12 16).

Auf dem Hintergrund solcher Lehren wird deutlich, daß die Erlösung, obwohl sie in manchen Fällen der äußeren Hilfe in Form einer Belehrung oder göttlichen Gunsterweisung bedarf, letztlich etwas ist, was der Mensch selber leisten muß. Moksha, Erlösung oder Befreiung, ist ein Zustand, oder vielleicht eher die Befreiung von allen Zuständen, auf jeden Fall aber widerfährt sie dem einzelnen. Moksha wird erlebt, Moksha wird erstrebt. Diese Erlösung verändert nicht die Welt, sie führt keine neue Ordnung herauf und schafft keine neue Erde, keinen neuen Himmel – die bleiben der endlosen Kette zyklischen Entstehens und Vergehens unterworfen. Die Veränderung findet einzig und allein im Individuum statt; sie könnte vielleicht als psychologisch beschrieben werden, wenn nicht nach indischer Auffassung alles, was wir Psyche nennen, nur der feinmaterielle Bestandteil des stofflichen, vergänglichen Menschen wäre. Moksha ist die Befreiung von allen Fesseln, die Befreiung von aller Veränderlichkeit, Endlichkeit und Materialität. Es ist ein Erlebnis von so geistiger Natur, daß nicht einmal die körperliche Existenz eines Menschen unmittelbar betroffen sein muß. Jemand, der die befreiende Einsicht erlangt hat, mag durchaus sein normales, leibliches Leben zu Ende führen. Es gibt keinen Beweis für Moksha, außer es selber zu erleben, zu erfahren, zu erkennen. Die einzigen Worte, die in den Sinn kommen, um positiv zu beschreiben, was da vor sich gegangen sein könnte, sind Shanti, d.h. Frieden, und Saccidananda, das ist eine aus drei Begriffen zusammengesetzte Bezeichnung für das Absolute: sat – Sein, cit – Geist und ananda – Freude oder Wonne. Vielleicht darf man in dem wissenden Lächeln, das wir auf so vielen Buddhafiguren wiederfinden, einen Hinweis dafür finden, daß ein solcher Zustand, ein solches Wissen, solche Erkenntnis menschlich tatsächlich erfahrbar sind.

Denn um ein Wissen, wenn auch im weitesten Sinne, handelt es sich. Die Upanishaden geben vor, eine Geheimlehre zu verkünden, und Erkenntnis ist das Gegenstück zu der bekannten Avidya, dem Unwissen, das uns im Kreislauf der Geburten gefangenhält. Sicherlich stecken hinter der Wichtigkeit und Funktion von Wissen noch die Überreste und Spuren einer primitiveren Mentalität, für deren magisches Denken Wissen Macht in einem sehr unmittelbaren Sinne bedeutete. Der englische Ausdruck „to realize" bietet sich an, um die indische Sprech- und Denkweise in etwa nachzuvollziehen. Denn die geistige Anstrengung, z.B. der Meditation, oder auch der Akt der Erkenntnis schafft, verwirklicht, realisiert im wahrsten Sinne des Wortes. Die aus frühindischem Denken geläufigen Parallelen makrokosmischer und mikrokosmischer Vorstellungen finden hier in der Erlösungslehre ihre sublime Fortsetzung.

Da die BhG ja nur als Anregung dienen sollte, war es möglich, etwas weiter auszugreifen. Was Krishna an Spekulation über die Seele und das Selbst des Menschen in den Mund gelegt wird, soll für Arjuna einen viel unmittelbareren Zweck erfüllen, nämlich ihm den Gleichmut einflößen, mit dem er seinen Kampf bestehen kann. Arjuna merkt jedoch selber, daß ein Bruch besteht zwischen der Ermutigung zu Erkenntnis und der Ermahnung zum blutigen Kampf. „Wenn du meinst, daß Erkenntnis besser ist als Handlung, warum drängst du mich dann zu dieser grausamen Tat, o Krishna?" (III, 1.) Ob die Frage nur redaktionelles Bindeglied ist oder nicht, und wie auch immer man den Erfolg der Versöhnungsbemühungen beurteilen mag, Tatsache ist, daß in der BhG eine bestimmte Weise des *Handelns* mit sehr viel größerem Nachdruck gelehrt wird als alles andere. Während man zunächst meinen konnte, es käme auf eine Haltung der Gleichgültigkeit gegenüber der Tat an und daß also Tatenlosigkeit zu üben sei, werden wir nun belehrt, daß das Unheil nicht im Tun selber liegt, sondern in der Begierde, die auf das Ergebnis sieht. Diese Begierde ist ja nur eine Form der Selbstsucht und fesselt das Individuum also an sich, statt es über sich hinauszuführen. In diesem Zusammenhang finden sich in der BhG einige Verse voll scharfer Ironie und Polemik gegen die vedische Ritualreligion, die ganz auf den verschiedensten Opferriten aufgebaut war, durch die die Menschen Wohlergehen in dieser und in der nächsten Welt zu erlangen suchten. „Die Einsichtslosen, die sich an den Vedaschriften ergötzen, die behaupten, daß es nichts anderes gebe, die auf den Himmel bedacht sind und deren Wesen Begierde ist, verkünden jene blumigen Worte, welche zu Wiedergeburt als Frucht der Taten führen und welche voll verschiedener Riten stecken zur Erlangung von Genüssen und Herrschaft" (II, 42 43).

Dieser Text deutet einen einschneidenden Übergang in der indischen Religionsgeschichte an. Zur Zeit der BhG scheint die Religiosität des vedischen Ritualismus und der Opfergläubigkeit nicht allzu ferner Vergangenheit angehört zu haben. Hier nun bleibt der Begriff der religiös relevanten Tat nicht auf das Opfer beschränkt, sondern er wird erweitert und auf jedes Tun ausgedehnt, sofern es nicht auf Gewinnstreben und Eigensucht beruht. „Deine Aufgabe liegt allein im Handeln, nicht in dessen Früchten. Lasse nicht die Früchte deines Tuns dein Beweggrund sein; ergib dich nicht der Untätigkeit!" (II, 47.) „Vollziehe dein dir zustehendes Werk, denn Handeln ist besser als Nichthandeln ..." (III, 8). „Vollbringe darum immer die auszuführende Tat innerlich (davon) losgelöst, denn indem der Mensch innerlich losgelöst handelt, gelangt er zum Höchsten" (III, 19).

Es muß dahingestellt bleiben, inwieweit es der hinduistischen Spiritualität tatsächlich gelingt, das Verlangen als Motiv hinter sich zu lassen, denn es wird ja nicht nur davon gesprochen, daß Indifferenz Sünde oder Schuld vermeiden hilft, es wird ein echter Fortschritt versprochen. Aber das ist vielleicht eine Schwierigkeit mit dem hinduistischen Erlösungsbegriff im allgemeinen. Die Befreiung von dem leidvollen gegenwärtigen Zustand wird so stark herausgestrichen, daß manchmal das Verlangen nach Erlösung selber eben dieser Erlösung im Weg zu stehen scheint.

Möglicherweise ist in dem Theismus der BhG und sogar im Polytheismus des Hinduismus überhaupt die Lösung dieses Problems zu suchen. Der Verkünder der Lehren der BhG ist ja Gott selber, d. h. Krishna, der verstanden wird als eine der sogenannten „Inkarnationen“ oder genauer „Herabkünfte“ des Gottes Vishnu. Die Erlösungslehre, in der all die anderen „aufgehoben“ sind, ist in diesem Falle also die Hingabe an Krishna und seine Verehrung als Absolutes. „Jene aber, die alle ihre Handlungen auf mich laden, die auf mich bedacht, über mich nachsinnend, ohne Abweichung in Yoga Verehrung üben, diese, o Arjuna, wenn sie mit ihren Gedanken in mich eindringen, erlöse ich geradenwegs aus dem Ozean von Tod und Wiedergeburt“ (XII, 6 7). Die emotionale Hingabe und Verehrung für eine bestimmte Gottheit ist in der Tat mindestens ebenso typisch für den Hinduismus wie die philosophischen Formen des Geistmonismus. Die Theorie besagt, daß der Theismus der leichtere Weg ist, der darum auch für eine größere Zahl von Menschen gangbar ist. „Die Beschwerden jener, deren Geist auf das Nicht-Offenbare gerichtet ist, sind größer; denn schwer erreichbar ist ein nichtoffenbares Ziel für körperhafte Wesen“ (XII, 5). Je nachdem, welchen Standpunkt man einnimmt, wird man die gestalthafte Form des Absoluten, d. h. jede Art von persönlicher Gottheit, als „Zugeständnis“ des „eigentlich“ gestaltlosen Absoluten verstehen, d. h. als eine niedrigere Form, oder aber als den sichereren und deshalb höchsten Zugang zum Absoluten.

Keiner unserer Begriffe wie Polytheismus, Henotheismus, Monismus, Pantheismus usw. erschöpft den Reichtum der hinduistischen Vorstellungsweisen und Namen für das Göttliche. Es ist sicherlich berechtigt, den Hindus einen größeren Sinn für die Tiefendimension der Welt und aller Dinge zuzuschreiben, als man sie heutzutage im Westen findet. Auch im Krishna-Theismus der BhG findet das ganze Universum Platz. Krishna spricht: „Der Glanz der Sonne, der die ganze Welt erleuchtet, der im Mond ist und im Feuer, den erkenne als meinen Glanz. Und indem ich in die Erde eingehe, erhalte ich alle Wesen durch meine Kraft; und ich nähre alle Pflanzen, indem ich zum saftreichen Soma werde. Als Verdauungsfeuer in allen Menschen, wohnend in den Körpern aller Lebewesen, vereint mit den Lebenshauchen, verarbeite ich die vier Arten von Nahrung. Und ich wohne im Herzen aller; von mir stammen Gedächtnis, Wissen und Unterscheidungsgabe; ich bin es, was durch die Veden erkannt wird, ich bin der Urheber der Upanishaden und der Kenner der Veden“ (XV, 12–15).

Wer muß nicht an die Götterdreiheit von Brahma, Vishnu und Shiva denken, die Schöpfung, Erhaltung und Vernichtung des Alls verkörpern, alle drei gleich göttlich, alle drei gleich absolut und jeder für sich als Absolutes die Einheit der Widersprüche für die Anhänger der jeweiligen Gottheit. „Erde, Wasser, Feuer, Wind, Äther, Geist, Verstand und Ichbewußtsein: dies ist meine achtfach geteilte Natur. Es ist meine niedere Natur. Wisse, o Arjuna, auch meine andere, höhere Natur; es ist die Seele, die diese Welt trägt. Wisse, daß alle Wesen daraus geboren werden. Ich bin der Ursprung dieser ganzen Welt und bin ihre Auflösung. Nichts gibt es jemals, das höher wäre als ich. Wie Edelsteine auf einer Schnur ist das All auf mir aufgereiht" (VII, 4–7).

Das Absolute, auch der persönliche Gott, wird also durchaus vergegenständlicht. Er kann in der Natur angebetet werden, in der Sonne, in Steinen und Bäumen. Er ist aber auch und vor allem gegenwärtig in den Bildern und Idolen, die Hindus als Götter anbeten. Die hinduistischen Götterbilder sind nicht nur Symbole, wie manche modernen Hindus uns glauben machen wollen. Der Hindu glaubt an die partikuläre und physische Gegenwart seines Gottes im Bild – es ist eine Reduzierung Gottes auf diese Sichtbarkeit.

Der Hinduismus ist also polytheistisch in doppeltem Sinn: Es gibt nicht nur den einzigen Gott, der in Idolen vergegenwärtigt wird, sondern es gibt viele – manche Texte sprechen von 33 Millionen, was so viel heißen soll wie unendlich viele. Und die Vergegenwärtigung Gottes, seine „Materialisierung" ist kein einmaliges Ereignis. Es findet zum einen in jedem Götterbild statt. Daneben gibt es aber auch noch eine persönlichere Weise der Gegenwart Gottes auf dieser Erde. Krishna selber ist dafür ein Beispiel, denn er wird ja als eine „Herabkunft" – das ist die wörtliche Übersetzung des Terminus Avatara – des Gottes Vishnu verstanden. Die Vishnu-Theologie kennt insgesamt 10 solcher Herabkünfte Vishnus, die alle mit irgendwelchen mythologischen Ereignissen verbunden sind. Auch nimmt Gott keineswegs immer Menschengestalt an; die Tradition erzählt von seinen Herabkünften als Eber, als Schildkröte und als Mannlöwe, d.h. als Wesen halb Mensch, halb Löwe – um nur einige zu nennen.

Der tiefere Sinn und Zweck solcher Herabkünfte ist das Heil der Menschen und der Welt, d.h. die rechte Ordnung, der Dharma. „Obgleich ich ungeboren bin und mein Selbst unvergänglich ist, obgleich ich Herr aller Geschöpfe bin, komme ich ins Sein, indem ich durch meine Zaubermacht meine materielle Natur lenke. Wenn immer die rechte Ordnung im Schwinden ist und Unrechtmäßigkeit sich erhebt, dann lasse ich mich entstehen. Um die Guten zu beschützen und die Bösen zu vernichten und den Dharma zu festigen, entstehe ich von Weltalter zu Weltalter" (IV, 6–8). Es ist verständlich, daß Hindus, die von der Gottessohnschaft Christi hören, die christliche Inkarnationslehre in ihre Kategorien zu übersetzen geneigt sind; sie akzeptieren Jesus als eine weitere von vielen vergangenen und möglichen Herabkünften, als Sprachrohr für die Verkündigung der göttlichen Ordnung auf Erden, und unterstellen, daß Christus für Christen das ist, was Krishna den Hindus bedeutet. Wie immer man die Berührungspunkte beurteilen mag, es scheint angemessen, schon durch terminologische Unterscheidungen vorschnelle Gleichsetzungen zu vermeiden und also nicht von den ‚Inkarnationen' Gottes in Krishna usw. zu sprechen.

Um also noch etwas länger in hinduistischen Worten von Gott zu sprechen, sei die Beschreibung der Vision zitiert, die Krishna dem Arjuna gewährt, indem er ihm ein übernatürliches Auge verleiht, um seine göttliche Machtfülle zu schauen: „... mit vielen Mündern und Augen, vielfach wunderbar anzuschauen, mit vielfältigem göttlichem Schmuck und vielen göttlichen Waffen erhoben; himmlische Kränze und Gewänder tragend, mit himmlischen Düften und Salben, bestehend aus allen Wundern, Gott, unendlich, das Antlitz nach allen Seiten gerichtet. Würde am Himmel plötzlich das Licht von tausend Sonnen aufflammen, so käme es vielleicht dem Glanze jenes erhabenen Wesens gleich. Das ganze All, zusammengefaßt und vielfach geteilt, erblickte Arjuna in dem Körper des Gottes der Götter" (XI, 10–13).

Viele Interpreten der Gita sehen in dieser Vision den Höhepunkt der dem Arjuna zugedachten Belehrung, den Punkt, wo das erlösende Wissen in die erlösende Erfahrung umschlägt. Sicherlich können wir in diesen Worten Anklänge an die mystischen Erfahrungen anderer Völker, anderer Zeiten und anderer Religionen finden, und wir dürfen davon ausgehen, daß Menschen im Hinduismus tatsächlich vom Göttlichen berührt wurden und es erfahren haben. Als Arjuna sein Erlebnis in Worte fassen will, ist es vor allem der furchterregende Aspekt des Absoluten, der sich Ausdruck verschafft. „Wenn ich dich ansehe, der du den Himmel berührst, in vielen Farben erstrahlst, mit weitgeöffneten Mündern und großen glühenden Augen, so erzittert meine innerste Seele, und ich finde keinen Halt und keine Ruhe, o Vishnu! Wenn ich deine wegen der Fangzähne schrecklichen Münder, wie die verzehrenden Flammen der Zeit, betrachte, verliere ich mein Richtungsgefühl und finde keine Zuflucht. Sei gnädig, Herr der Götter, Wohnstätte der Welten" (XI, 24, 25).

Diese Sprechweise ist sicherlich aufschlußreich für das hinduistische Gottesbild, obwohl es bei der Vielfalt der Ausdrucksweisen und Vorstellungen schwer ist, überhaupt von *einem* Gottesbild zu sprechen. Wichtig ist aber vor allem die subjektive Einstellung, die zu Gott genommen wird, und die Wichtigkeit, die ihr zugemessen wird. Wir haben schon über das erlösende Wissen gesprochen im Zusammenhang mit dem hinduistischen Geistmonismus; hier, beim hinduistischen Theismus, finden wir das emotionale Gegenstück in der Bhakti-Religiosität, d.h. der Verehrung, Hingabe, liebevollen Frömmigkeit der Anhänger eines persönlich vorgestellten Absoluten. Es könnte sein, daß die an anderen Stellen gepredigte Resignation und Indifferenz Ergebnis und Ausdruck von Furcht und Hilflosigkeit sind, einer furchtbaren Welt und einem furchterregenden Gott gegenüber. Der gleiche Gedanke legt sich nahe für die Bhakti – manchmal übersetzt mit Gottesliebe –, denn allzuviel scheint anzukommen auf die rechte Einstellung. „Richte deinen Sinn allein auf mich, lasse deinen Verstand in mich eingehen; dann wirst du in mir wohnen; darüber gibt es keinen Zweifel" (XII, 8). Für die Echtheit der Bhakti gibt es kein anderes Kriterium als eben ihre Intensität, die Sicherheit des Gefühls, den Grad der Hingabe. Gott verspricht seinem Verehrer Eingang in seine Welt, ja Zugang zu und Einheit mit ihm selbst. Also wird der Fromme versuchen, durch emotionelle Selbstidentifikation mit einem körperlichen Absoluten seinem unerlösten Leben zu entgehen.

Die Entwicklung der Bhakti-Religion in Indien beweist, daß die Verwechslung des erhabenen Gefühls mit Begnadigung mehr als nur eine theoretische Gefahr dieser Religiosität ist. Die ausschließlich auf Gott gerichtete Verehrung und Liebe ist wie die spekulative Erkenntnis höchst individualistisch und subjektiv. Auch Bhakti kann als auf Erlösung bezogene Haltung als Antrieb zu jener mitmenschlichen Indifferenz dienen, die Arjuna schließlich in den Bruderkrieg führt. Diese Art der Gottesliebe hat kein Gegenstück in der Nächstenliebe. Die einzige Art und Weise für den Hindu, sich zu seinem Nachbarn zu verhalten, ist auf dem Umweg über ein Absolutum. So steht jeder einzelne in der gleichen Beziehung zum Gesetz des Dharma; das Selbst jedes Menschen ist identisch mit dem Absoluten; jeder hat die Möglichkeit, Gott gleich lieb zu werden durch Zuneigung und Verehrung. Wer wollte die religiösen und moralischen Werte leugnen in dem Bild, das Krishna von seinem idealen Verehrer zeichnet: Keinem Wesen gegenüber böse gesinnt, freundlich und mitleidsvoll, frei von Egoismus und Selbstsucht, gleichmütig in Leid und Freud, geduldig, selbstbeherrscht, von unerschütterlichem Entschluß, Sinn und Verstand auf Gott gerichtet, frei von Freude und Zorn, Furcht und Aufregung, der nichts erwartet, rein, geschickt, unbekümmert und sorglos, der alle Unternehmungen aufgegeben hat, der weder Freude noch Haß empfindet, weder trauert, noch begehrt, Gutem und Bösem abgeschworen hat, der sich gegenüber Feind und Freund gleich verhält, frei von Anhänglichkeit ist, dem Tadel und Lob gleichgültig sind, schweigsam, genügsam, Gott als sein höchstes Ziel betrachtend (vgl. XII, 13–20). Und doch läßt sich auch und gerade hier eine grundsätzliche Ambivalenz nicht leugnen. Wir haben sie in der BhG gefunden und finden sie überall im Hinduismus. Jede der vielen Antworten auf Arjunas Dilemma führt zu neuen Fragen; solange der Hinduismus zu den lebendigen Religionen der Menschheit gehört, wird seine Suche nach der Antwort weitergehen.

## Literatur


*J. Gonda*, Die Religionen Indiens, 2 Bde., Stuttgart ²1978.

*K. Klostermaier*, Hinduismus, Köln 1965.

*P. Hacker*, „Dharma im Hinduismus". In: Zeitschrift für Missionswissenschaft und Religionswissenschaft, 1965, No. 2, S. 93–106.

*P. Hacker*, „Religiöse Toleranz und Intoleranz im Hinduismus". In: Saeculum VIII, 2/3, S. 167–179.

*F. Edgerton*, The Bhagavad Gītā, translated and interpreted. New York: Harper Torchbook, 1964.

*S. P. Radhakrishnan*, Die Bhagavadgītā. Einleitung, Sanskrittext, Übersetzung, Kommentar. Baden-Baden 1958.

Bhagavadgītā, übersetzt von R. Boxberger, hrsg. von Helmuth v. Glasenapp. Stuttgart, Reclam 7874/75.

Zum Begriff des Svadharma wird zusammenfassend und abgrenzend klargestellt, daß es wohl nur den Schnittpunkt (oder die Schnittfigur) der Rollenerwartungen bezeichnet und nicht so etwas wie das individuelle Lebensgesetz. Erst für den Eremiten mag eine Ausnahme gelten, aber auch bei ihm innerhalb seiner vorgeprägten Rolle. Der Held der Bhagavadgita handelt im Ergebnis nach dem Erwarteten, Geziemenden, indem er die Kriegsgegner und also auch unter ihnen seine Verwandten tötet. Gelernt hat er nur, dies ohne Interesse an den Früchten des Tuns zu tun.

In der Konsequenz und Verlängerung dieser Wendung und Wandlung der Existenz zeigt sich die für uns einfühlbare und vielfach verlockende Möglichkeit, daß das Atman in das Brahman eingeht oder darin aufgeht. Aber auch aus der Mitte des Hinduismus erhebt sich dagegen existentieller Widerspruch: „Ich will gar nicht Zucker *werden*, ich will ihn *schmecken*."

Es wird gefragt: Das Christentum richtet an den Menschen, jeden Menschen, eine bestimmte im Kern für jeden gleichlautende Forderung. Kann, im vollständigen Gegensatz dazu, nach dem hinduistischen Glauben alles für irgend jemand gut sein, außer allein das Nichtbefolgen des Svadharma? Da auch Töten (im Krieg), Stehlen, der Dienst der Prostituierten als Positives in Betracht kommen, hat es den Anschein, als komme überhaupt alles in Betracht. Dagegen wird aber doch klargestellt, daß vieles auch im Hinduismus vorbehaltlos als Unrecht gilt. Versuchsweise wird formuliert, daß das als positiv Geltende nicht weiterreiche als das, was etwa auch ein Grieche je nachdem im Göttergeleit tun konnte („daß er Dieben und Schälken / Vorteilsuchenden allen auch / ewig günstiger Dämon sei").

Der „Schleier der Maya", den es zu zerreißen gilt (Schopenhauer), die Erlösung also als „Befreiung von aller Endlichkeit, Veränderlichkeit und Materialität", der Friede in der Wonne, nur noch allgemeiner Geist zu sein: wie unterscheidet sich die theoretische Seite dieser Anweisung zum seligen Leben vom platonischen Aufschwung über die als Schein durchschaute empirische Welt zum Leben in der anschauungslosen Anschauung der Idee? und wie ihre praktische Seite von der paulinischen Anweisung, sich zu freuen, zu trauern, die Welt zu gebrauchen, als täte man das alles nicht? Der Referent hat für diese Nuancierung keine fertige Antwort, was ihm niemand verdenkt. – Übrigens: Die paulinische Anweisung heißt doch wohl nicht (wie die an Arjuna): Tötet, als tötetet ihr nicht? Sie lautet wohl *doch* so.

Das Kastenwesen erscheint manchen als der Greuel schlechthin. Ob aber darin überhaupt keine Spur einer uns verständlichen Form der Gottesverehrung anzutreffen sei? Der Gedanke, daß das wohlgeordnete Hintreten eines Volks vor die Gottheit eine Form ihrer Verehrung sein könnte (Hölderlin in „Brot und Wein"), ist dem Referenten nicht begegnet. Nachvollziehbar sei etwa das, was in der Gita analog Platons „Staat" zu lesen sei.

# Zeittafel

[Nach Angaben in Jan Gonda, Die Religionen Indiens, 2 Bde., Stuttgart 1960, 1963; und Klaus Klostermaier, Hinduismus, Köln 1965].

| | |
|---|---|
| ca. 2600 v. Chr. – 1600 v. Chr. | Indus-Kultur |
| ca. 1200 v. Chr. | Arische Einwanderung in Indien |
| ab etwa 1200 v. Chr. | Entwicklung der vedischen Literatur |
| ca. 560–480 v. Chr. | Buddha |
| ca. 600–300 v. Chr. (?) | die ältesten Upanishaden |
| ca. 500 v. Chr. – 500 n. Chr. | Entstehung der Dharmasutras und der Grundzüge der sechs orthodoxen Systeme |
| 327–325 | Alexander der Große in Nordwestindien |
| ca. 400 v. Chr. – 200 n. Chr. | Entwicklung des Ramayana |
| ca. 400 v. Chr. – ca. 400 n. Chr. | Entstehung des Mahabharata |
| ca. 300 v. Chr. | Gautamas Nyayasutras und Kanadas Vaisheshikasutras |
| ca. 200 v. Chr. | Bhagavadgita |
| ca. 200 v. Chr. – 200 n. Chr. | Periode des größten buddhistischen und jainistischen Einflusses in Indien |
| 2. Jh. v. Chr. – 6. Jh. n. Chr. | Expansion des Hinduismus nach Südostasien und Indonesien |
| ca. 300–600 n. Chr. | Entstehung einiger älterer Puranas |
| ca. 400 | Kalidasa. Größere Verbreitung des Vishnuismus |
| 7. Jh. n. Chr. | Anfang der hohen Blüte des Vedanta. Shankara (7./8. Jh.) |
| ca. 600–800 n. Chr. | Blütezeit des Pancaratra-Vishnuismus |
| 7.–9. Jh. n. Chr. | Periode der brahmanistischen Rekonstruktion |
| ab ca. 700 n. Chr. | Blütezeit des Kaschmir-Shivaismus |
| seit dem 11. Jh. n. Chr. | zunehmender Bhaktiglaube |
| zwischen 1000 u. 1200 n. Chr. | Verschwinden des Buddhismus in Indien |
| 1193 | Die muslimischen Fürsten v. Ghor erobern Delhi |
| 1306–1326 | Muslimische Eroberung des Dekkhan u.d. Südens |
| ab etwa 1400 | Neue Blüte der Bhaktiströmungen (Caitanya 1485–1533) |
| ca. 1469 n. Chr. | Geburt Guru Nanaks, des Begründers der Sikh-Religion |
| 1498 | Vasco da Gama landet in Indien |
| 1526 | Anfang des Moghul-Zeitalters |
| Mitte 18. Jh. | Vorläufiger Schlußpunkt der kontinuierlichen Entwicklung der indischen Philosophie |
| 1757 | Schlacht bei Plassey (Begründung der englischen Oberherrschaft) |
| 1828 | Gründung des Brahma-Samaj |
| 1829 | Gesetzliches Verbot der Witwenverbrennung |
| 1875 | Gründung des Arya-Samaj |
| 1869–1948 | M. K. Gandhi |
| 1947 | Politische Unabhängigkeit Indiens |

# Buddhismus

Von A. Theodor Khoury

Der Buddhismus ist eine religiöse Bewegung, die auf der mystischen Intuition des Buddha gründet und den Erlösungsweg zunächst als nur einer kleinen Gruppe von Anhängern zugänglich betrachtete, die aber im Laufe der Zeit nicht umhin konnte, sich zu einer Religion zu entwickeln, deren Lehren und Institutionen die Erfüllung der menschlichen Sehnsüchte herbeiführen wollen, während sie auf der anderen Seite die Überwindung des menschlichen Daseins in seiner Ganzheit erstreben und auch ermöglichen sollen.

Im Rahmen dieser kurzen Darstellung des Buddhismus werden wir versuchen, zunächst einmal die ursprüngliche Intuition des Buddha darzulegen und dann die wichtigsten Entwicklungsetappen des Buddhismus zu schildern.

## *I. Die initiale Intuition des Buddha* (um 560–480 v. Chr.)

Was wir vom Buddha wissen, verdanken wir der sorgfältigen und peinlich genauen Überlieferung seiner ersten Anhänger, welche jedoch mit der Zeit von Legenden und Spekulationen überwuchert wurde. Die wichtigste schriftliche Quelle dazu ist der Dreikorb des Pālikanons (Tripiṭaka): der Korb der Ordensdisziplin (Vinaya-piṭaka), der Korb der Lehrreden (Sūtra-piṭaka) und der Korb der höheren Lehre (Abhidharma-piṭaka).

Der Weg des Buddha zur vollkommenen Weisheit, zur „Erwachung“, war lang und beschwerlich. Der Prinz Siddhārta Gotama, geboren um 560 v. Chr. in Nordindien, führte zunächst am Hof seines Vaters ein sorgloses, vergnügliches und gegen alle Formen des Leidens abgeschirmtes Leben. Mit 29 Jahren habe ihn aber die Erfahrung von Alter, Krankheit und Tod zum Nachdenken über Grenzen und Sinn des Lebens gezwungen. Die Begegnung mit einem armen, aber glücklichen Wanderasketen überzeugte ihn von der Möglichkeit, aus dem Leiden und dem Unheil des Lebens einen Ausweg zu finden. So verließ er Haus und Familie in die Hauslosigkeit und wurde selbst zum Wanderasketen. Da ihm weder die theologischen Spekulationen der Meister noch strenge Askese die ersehnte innere Ruhe brachten, gab er dies alles auf und zog in den Süden weiter, bis er sich unter einem Pippalbaum (ficus religiosa) niedersetzte und sich der Meditation hingab.

In der totalen Abgeschiedenheit und der tiefen Konzentration des Geistes wurde ihm plötzlich in einer mystischen Intuition klar, daß Erlösung möglich ist und daß sie in der totalen Loslösung von der Welt und in der Auflösung der eigenen empirischen Person besteht. Erst dann findet der endlose Kreislauf der leidvollen Wiedergeburten ein Ende. Der Wanderasket war zum Buddha (Erwachten) geworden. In seinen Predigten faßte er die Hauptinhalte seiner Intuition in den sogenannten „vier heiligen Wahrheiten" und der Lehre vom „Entstehen in Abhängigkeit" zusammen.

### 1. Die Wahrheit vom universalen Leiden (duḥkha)

Die erste heilige Wahrheit charakterisiert die Wirklichkeit der Welt und des Menschenlebens als eine Leidenssituation. Alles ist Leiden. Diese Aussage entspringt nicht einer oberflächlichen Betrachtung der Dinge dieser Welt, sie ist das Ergebnis einer beharrlichen Meditation und einer tiefen inneren Schau. Erst durch Läuterung seines Inneren und durch konsequente Versenkung erwachte im Buddha die Erkenntnis, daß das menschliche Dasein grundsätzlich Leiden ist. Er mußte aber immer wieder erleben, wie schwer sich die Menschen von dieser Wahrheit überzeugen ließen. Die Tradition will sogar, daß er angesichts dieser Schwierigkeit erwogen habe, auf die Verkündigung der Heilswahrheiten überhaupt zu verzichten. Aber um der wenigen willen, die seine mystische Intuition würden nachvollziehen können, habe er sich dann doch entschlossen, den Menschen die universale Leidenssituation vor Augen zu halten und sie auf die Phänomene des Lebens hinzuweisen, die die Unheilstiefe des menschlichen Daseins erahnen lassen.

Alle Vorgänge des Lebens haben eine leidvolle Seite, wahrnehmbar auch für den oberflächlichen Beobachter. Geburt, Krankheit, Tod, immer wieder dasselbe unruhige Werden, endlos: dies ist das Grundleiden. Das Leben ist zudem voller Schmerz, Enttäuschungen, Haß. Selbst die Freude ist vergiftet, denn sie ist mit Sorgen verbunden, oder sie bedeutet Leiden für die anderen, oder sie wird durch Umstände bedingt, die Leiden erzeugen; diese zweifelhafte

Freude ist außerstande, Erlösung zu bewirken oder wenigstens unser Verlangen nach Glück zu befriedigen.

Welt und Mensch sind dem Gesetz des Werdens und damit der Unbeständigkeit unterworfen. Gerade diese ihre Veränderlichkeit und Vergänglichkeit verrät ihren leidvollen Charakter und zugleich deren Ursache.

### 2. Die Entstehung des Leidens

Die Entstehung des Leidens hat zwei Ursachen, eine mechanische und eine psychologische.

Die mechanische Ursache ist das Zusammenspiel der Daseinsfaktoren, aus denen Welt und Mensch zusammengesetzt sind, und die Auswirkung des Gesetzes der Tatenvergeltung (Karman-Gesetz).

In der Welt ist der Mensch durch fünf *Daseinsfaktoren* (skandha) bestimmt, und zwar dergestalt, daß sein Dasein von ihnen abhängt und sein ganzes Wesen aus ihnen zusammengesetzt ist. Es sind dies die Materie, das Körperliche (rūpa); die Empfindungen, die durch Berührung der Sinnesorgane mit ihren jeweiligen Objekten entstehen (vedanā); die Wahrnehmungen, die darauf folgen (saṃjñā); die Geistesregungen, Triebkräfte und Willensregungen (saṃskāra); endlich die Erkenntnis, d.h. das Bewußtsein und seine Inhalte (vijñāna). Die buddhistische Anthropologie hat diese Daseinsfaktoren erläutert, ihre Vollzugsformen näher bestimmt und sie in verschiedenen Kategorien klassifiziert. Wichtig dabei ist jedoch die Feststellung, daß alle diese Daseinsfaktoren in ihrem Wesen und Wirken dem Werden – der Geburt, der Unbeständigkeit und dem Tod – unterworfen und leidvoll sind. Und gerade aus solchen Daseinsfaktoren ist der empirische Mensch zusammengesetzt. Sein ganzes Leben in der Welt ist durch sie bestimmt, ist bloßes Ergebnis ihrer Betätigung.

Mit diesem Mechanismus verbindet sich nun das *Gesetz der Tatenvergeltung*. Der Mensch befindet sich, solange er die Erlösung noch nicht erreicht hat, in einem endlosen Kreislauf von Wiedergeburten, und jede Existenz ist bedingt durch die in der früheren Existenz vollbrachten Taten. Solange der Mensch Taten vollbringt, deren Spuren sich an ihn heften oder, buddhistisch ausgedrückt, deren Frucht auf ihm lastet und eine neue Geburt unausweichlich macht, bleibt die endlose Kette der Wiedergeburten bestehen, und jede neue Existenz entsteht in Abhängigkeit von der vorherigen.

Somit wird deutlich, wie die mechanische Ursachenkette funktioniert. Die jetzige Existenz des Menschen ist ein mechanisches Ergebnis der vorigen, sie selbst ist durch das mechanische Zusammenwirken der fünf Daseinsfaktoren bestimmt. Solange die Erlösung aussteht, wird dieser Mechanismus eine neue Existenz bedingen, und die Kette setzt sich fort nach demselben Schema. Die buddhistische Tradition hat diese *Ursachenkette* unter anderem in folgender einfacher Form dargestellt:

1. Wer die Erlösung nicht erreicht hat, bleibt Gefangener seiner Blindheit und erntet die Frucht seiner Taten (*Nichtwissen*, Blindheit).
2. Abhängig davon ist der *Wille zum Leben*, die sogenannten Gestaltungen und Triebkräfte. (Das ist das vom vorigen Leben Übriggebliebene.)
3. Abhängig davon entsteht bei der Empfängnis die *Erkenntnis*, die aber in diesem Stadium noch als Unterbewußtsein bezeichnet werden muß.
4. Abhängig davon entstehen durch die Verbindung des Geistes und des Körpers der *Name* und die *Form*, d. h. die Individualität des empirischen Menschen und sein Wachstum vor der Geburt.
5. Abhängig davon ist die Entwicklung der *Sinnesorgane*, des einen inneren Sinnes und der fünf äußeren Sinne.
6. Nach der Geburt erfolgt die *Berührung* der Sinnesorgane mit ihren entsprechenden Gegenständen in der Außenwelt.
7. Von der Berührung abhängig ist die *Empfindung*. Damit wird die Ursachenkette der Daseinsfaktoren in Gang gesetzt.
8. Abhängig von der Empfindung entsteht die Begierde, der *Durst*, die Anhänglichkeit an diese Welt.
9. Abhängig vom Durst entsteht das *Ergreifen*, das immer stärkere Verlangen nach der Welt und der immer fesselndere Lebenshang und damit auch die Erzeugung von neuem Karman.
10. Damit hängt auch das Entstehen und Bestehen der empirischen Persönlichkeit zusammen, welche das Gesetz des Werdens sichtbar macht, denn dadurch bleibt der Mensch dem Vergehen und dem *Werden* ausgesetzt und unterworfen.
    Somit kommen die Buddhisten zur Formulierung eines Gesetzes, dem der Mensch nicht entrinnen kann, solange das Lebensrad sich in der hier beschriebenen Weise weiterdreht:
11. Abhängig von der Gesamtheit der genannten Faktoren entsteht die *Geburt*.
12. Abhängig von der Geburt entsteht das *Altern* und der *Tod*.

So erklärt das Zusammenwirken der Daseinsfaktoren in jedem Leben und des Karman-Gesetzes für den gesamten Kreislauf der Wiedergeburten alle Lebensphänomene des empirischen Menschen und läßt erahnen, wie leidvoll sein Dasein ist.

Aber erst durch die psychische Einstellung des Menschen führt dieses mechanische Zusammenspiel zum Fortbestehen des Leidens und des Unheils. Zunächst ist dafür die in der Ursachenkette unter Nummer 8 erwähnte Begierde oder der *Durst* zu nennen. Diese Welt verführt den Menschen zum Lebenshang, sobald sie durch die Berührung mit seinen Sinnesorganen seine Bewußtseinsinhalte bestimmt. Der Durst wird aber um so intensiver und die Begierde um so verführerischer, je tiefer der Mensch sich mit dieser Welt identifiziert, je unausrottbarer verwurzelt in ihm die Überzeugung ist, daß er nicht bloß die Summe automatischer Vorgänge ist, sondern eine Persönlichkeit, deren wahres Ich hinter den empirischen Erscheinungen steht und ihnen erst ihren Zusammenhalt verleiht. Wenn der Mensch diesem Irrtum erliegt, klammert er sich um so mehr an die Lebensvollzüge, die ihn mit den Dingen der Welt verbinden und damit seinem Dasein Konsistenz und Fülle zu geben scheinen. Er meint, sein Ich dadurch erhalten und retten zu können, daß er sich an diese Welt bindet, um Freude und Glück zu erlangen und womöglich dem Tod irgendwie zu entgehen. Damit bewirkt er aber nur, daß er noch stärker gefesselt und eine wiederholte Neugeburt unausweichlich wird.

Damit ist die *Lehre vom Nicht-Selbst* angesprochen, die den Buddhisten und den Religionswissenschaftlern gleichermaßen viel zu schaffen gemacht hat.

Die Menschen erliegen Vorstellungen wie Ich, Mein, Meine Person, die alle auf die Existenz eines Subjektes hindeuten, welches den Zusammenhalt der irdischen Vorgänge des menschlichen Lebens sichern soll. Aber das ist nur eine Täuschung, und dies aus zwei Gründen: Solche Vorstellungen sind das Ergebnis metaphysischer Spekulationen, sie entsprechen keineswegs der Realität der empirischen Welt. In der empirischen Welt spricht alles dafür, daß der Mensch ganz und gar aus den fünf Daseinsfaktoren und ihren Auswirkungen besteht, und es ist daher müßig, hinter diesen Daseinsfaktoren noch ein Ich vermuten zu wollen und sich in unfruchtbaren Spekulationen zu verlieren. Laut buddhistischer Tradition wies der Buddha oftmals Mönche und Asketen zurück, die ihn um die Lösung von spekulativen Streitfragen baten, die im Kreis der Brahmanen und der Asketen des Hinduismus debattiert wurden. Dieser für die Haltung des Buddha charakteristische Verzicht auf alle metaphysischen Vorgriffe erstreckt sich, wie die folgende Erzählung zeigt, auch auf die Frage nach der Existenz des Ich.

Eines Tages wurde er von einem Wandermönch namens Vatsagotra (Pāli: Vacchagotto) ersucht, die Frage zu lösen, ob das Ich sei oder nicht. Der Buddha gab ihm keine Antwort. Später erklärte er seinem Jünger Ānanda den Grund seiner Haltung: „Wenn ich, Ānanda, dem Wandermönch Vatsagotra geantwortet hätte: ‚Das Ich ist', so würde das die Lehre der Asketen und Brahmanen, welche an die Unveränderlichkeit glauben, bekräftigt haben. Wenn ich, Ānanda, dem Wandermönch Vatsagotra geantwortet hätte: ‚Das Ich ist nicht', so würde das die Lehre der Asketen und Brahmanen, welche an die Vernichtung glauben, bekräftigt haben. Und der Wandermönch Vatsagotra, der an das Vorhandensein des Ich glaubt, hätte sich erstaunt gefragt: ‚Mein Ich war doch früher. Ist es etwa jetzt nicht mehr?' Und er wäre aus einer Verwirrung in eine noch größere Verwirrung gestürzt worden." Solche Spekulationen führen also nicht zur erlösenden Erkenntnis*.

Es lohnt sich zudem auf keinen Fall, von irgend etwas in der empirischen Welt zu sagen, es sei mein Ich. Denn alle Elemente der Welt und alle Vorgänge des empirischen Menschenlebens sind durch Merkmale gekennzeichnet, die sie als leidvoll erscheinen lassen und somit als einer Welt zugehörig, die es zu überwinden gilt, damit der Mensch zu seinem Heil gelangen kann. Alle Daseinsfaktoren und Lebensvorgänge sind unbeständig, leidvoll, dem Werden und Vergehen unterworfen. So muß der Weise, „der Wissende und Schauende", folgendes festhalten: „Jegliche Gestalt... welche sich auch immer findet, sie sei vergangen, künftig oder gegenwärtig, befinde sich im eigenen Innern oder sei draußen, sei groß oder klein, gemein oder edel, entfernt oder in der Nähe, sie ist nicht mein, ich bin nicht diese, sie ist auch nicht mein Selbst. Wer diese (Gestalt) der Wahrheit entsprechend recht erkannt hat, von dem die Gestalt gesehen wurde und wer nicht mehr an ihr festhält, der ist ein Erlöster. Auf diese Weise soll auch mit den vier übrigen Gruppen der Daseinserscheinung verfahren werden . . ."**

Zusammenfassend kann man feststellen: Wurzel des universalen Leidens und Ursache der endlosen Kette der Wiedergeburten ist die Begierde und die Blindheit (Durst und Unwissen).

### 3. Die Aufhebung des Leidens

Es gibt aber einen Ausweg für die Menschen: Die Aufhebung des Leidens ist möglich. Das ist die dritte heilige Wahrheit des Buddhis-

* Vgl. *E. Frauwallner,* Geschichte der indischen Philosophie I, Salzburg 1953, S. 220 bis 221.

** Samyutta-nikāya 18,22; Ausgabe der Pali Text Society II, S. 253. Übersetzung *Gunsser,* Reden des Buddha, Stuttgart 1969, Reclam, S. 54.

mus. Die Aufhebung des Leidens bedeutet das Erreichen eines Zustandes, der keine Merkmale unseres empirischen Daseins mehr aufweist. Das ist ein Zustand, in dem die Blindheit beseitigt und die Begierde zum Schweigen gebracht wurden; keine Neugeburt und kein Werden, keine Unbeständigkeit, keine Vergänglichkeit und kein Tod, ein Zustand ewiger Unbestimmtheit, leer von jeder konkreten Gestalt, aber auch ein Zustand ewiger Festigkeit, Reinheit, Ruhe, Unsterblichkeit, Glückseligkeit. Es ist die überweltliche Abgeschiedenheit, die ferne Insel, die Furt, der Ort, welcher Zuflucht und Schutz gewährt. Dieser Zustand heißt im Buddhismus Nirvāṇa (Pāli: Nibbāṇa). Das Nirvāṇa ist das Gegenteil der Welt, und darum positiv nicht treffend zu definieren. Es ist das Absolute, im Gegensatz zu unserer zusammengesetzten Welt; das Transzendente, das ganz andere, das man durch Begriffe und Bezeichnungen der Welt nicht erfassen oder andeuten kann. Nirvāṇa ist der Zustand totaler Befreiung von jeder Befleckung und jeder Bindung an die Welt, Befreiung von der Unwissenheit und von der Begierde, Loslösung von der Welt und Auflösung der ichleeren empirischen Person.

### 4. Der Weg zur Aufhebung des Leidens

Zum Nirvāṇa führt ein Weg, der in der vierten heiligen Wahrheit als der achtgliedrige Pfad bezeichnet wird: „Dies, Mönche, ist die edle Wahrheit von dem zur Leidensaufhebung führenden Weg, nämlich rechte Ansicht, rechter Entschluß, rechtes Reden, rechtes Handeln, rechte Lebensweise, rechtes Streben, rechtes Gedenken, rechtes Sichversenken."

Der Erlösungsweg besteht aus zwei Etappen: aus einer Ethik, die als Vorbereitung für den eigentlichen Weg zum Heil gilt, und aus einer meditativen Versenkung mystischer Natur, welche erst die erstrebte Weisheit verleiht.

Die Erfüllung der ethischen Vorschriften ist allen Anhängern des Buddhismus möglich. Sie bezweckt die Ausmerzung der Leidenschaften, insbesondere der Grundleidenschaften: Blindheit, Begierde und Haß, die der Ursprung aller menschlichen Laster sind, die den Menschen an diese Welt fesseln, ein schlechtes Karman erzeugen und somit eine leidvolle neue Existenz notwendig machen. Die Befreiung von den Leidenschaften geht einher mit einem tugendhaften Lebenswandel. Dem Buddhisten werden folgende Tugenden besonders empfohlen: die rechte Ansicht, d.h. die Anerkennung der vier heiligen Wahrheiten als unentbehrliche Voraussetzung zur Erlösung; der rechte Entschluß zum Verzicht, zur Entsagung, aber auch zum grenzenlosen Mitleid und Wohlwollen allen Lebewesen gegenüber; das rechte Reden; das rechte Handeln; im ganzen die rechte Lebensweise, wobei es wichtig ist, daß jeder sein Leben so gestaltet, daß er keinem anderen Leid zufügt; endlich das rechte Streben, die Abwehr jedes Unheilsamen und die Bemühung um jedes Heilsame.

So vorbereitet, kann nun der Buddhist die totale Befreiung von Unwissenheit und Begierde erlangen. Er kann durch Meditation und Versenkung die Leidenschaften so gründlich überwinden und seine Einsicht in die buddhistische Lehre so vertiefen, daß er einen Vorgeschmack der Erlösung schon in diesem Leben erlangen kann. Die vollkommene Erlösung wird im Normalfall erst nach wiederholter Neugeburt und nach gesteigerter Versenkung erreicht.

Die Meditation und die Versenkung führen den Menschen zum Erwachen, wenn er deren wichtigste Etappen durchschritten hat. Die erste Stufe der Versenkung befreit ihn von der Begierde; die zweite besteht in der Konzentration des Geistes, der seine innere Einheit durch Beseitigung der Denkinhalte und der Überlegungen erlangt; die dritte Versenkungsstufe bewirkt die Überwindung jeder Freude und jeder konkreten Empfindung; endlich führt die vierte Stufe zum Verschwinden des Wohlbehagens, das durch das Bewußtsein der Körperlichkeit und das innere Sinnesorgan bedingt ist. Am Ende bleibt nur noch das reine Erkennen, das reine, inhaltsleere Bewußtsein und der ungetrübte Gleichmut. In diesem Zustand gelangt der Buddhist in einer mystischen Intuition zur höchsten Erkenntnis und eignet sich die vollkommene Weisheit an.

Dem Weisheitsuchenden stehen einige Hilfsmittel zur Verfügung. Durch Atemregulierung bringt er sein Herz zur Ruhe und seinen Geist zu einer ersten Konzentration. Die Betrachtung des Unreinen, d.h. häßlicher, ekelerregender Gegenstände dieser Welt, demonstriert ihm, wie wertlos und abstoßend die leidvolle Welt ist, und befreit ihn von der Begierde. Weitere Methoden der Meditation und der Konzentration helfen, den Zustand des reinen, inhaltsleeren Bewußtseins zu erreichen.

„Alle diese Übungen", schreibt Bareau*, „haben nicht nur die Beruhigung und die Unterdrückung der Leidenschaften zum Zweck, welche freilich das Hauptziel des Buddhismus ausmachen, sondern sie haben noch andere, untergeordnete, jedoch nicht zu übersehende Folgen ... Man erreicht durch sie die Wiedergeburt un-

* *A. Bareau*, Buddhismus. In: Die Religionen Indiens, Bd. III = Die Religionen Menschheit 13, Stuttgart 1964, S. 1–215, hier S. 47.

ter den Göttern der Welt der Formen und der formlosen Welt, deren Aufenthaltsorte den verschiedenen Meditations- und Betrachtungsstufen entsprechen. Sie führen auch zum angenehmen Aufenthalt unter den geschauten Dingen, zur Glückseligkeit in dieser zeitbegrenzten Welt, welche ein Vorgeschmack jener des Nirvāṇa ist, und zum Anschauen der Erkenntnis, dank welcher man zur Aufhebung der intellektuellen Tätigkeit gelangt. Ferner führen sie zum vollen bewußten Nachdenken oder zur weisen Analyse und endlich zur Erschöpfung der Befleckungen, d.h. zur Vernichtung der Leidenschaften, eine Eigenschaft, die den Heiligen der höheren Stufe, Arhat, charakterisiert."

Dieser Erlösungsweg setzt die Fähigkeit zur Meditation und zur Versenkung voraus, darum blieb er, auch in der Theorie des Urbuddhismus, den Mönchen vorbehalten. Die Laien konnten nur durch gute Werke und durch Unterstützung der Mönche und ihrer Klöster ein gutes Karman erzeugen und hoffen, in einer der nächsten Wiedergeburten endlich zum mönchischen Leben befähigt zu werden. Der eigentliche Buddhist ist also der *Bettelmönch* (bhikṣu), der seine meiste Zeit der Meditation und der Versenkung widmet und seinen Geist von jeder Befleckung, von jeder Blindheit und jeder Begierde läutert. Armut, Ehelosigkeit und grenzenlose Friedfertigkeit sind die Leitsätze seines Lebens. Aufgabe der Mönche war es auch, die buddhistische Lehre (dharma; Pāli: dhamma) zu verkünden, zu erläutern und die Novizen in die Methoden der Meditation einzuführen. Dies führte zu einer Bereicherung des ursprünglichen Erbes, aber unvermeidlich auch zu Meinungsverschiedenheiten und zur Bildung von Schulen und Sekten innerhalb des Buddhismus.

Wir werden im folgenden die Lehren der buddhistischen Hauptströmungen darlegen, ohne auf die Einzelheiten und die unterschiedlichen Meinungen der Schulen und Sekten einzugehen.

## *II. Der ältere (Hīnayāna-) Buddhismus*
(das kleine Fahrzeug)

Der ältere Buddhismus ist der unmittelbare Erbe der ursprünglichen Lehre des Buddha. Er wird auch Theravāda-Buddhismus, d.h. Buddhismus der Ältesten, oder Shrāvaka-Buddhismus, d.h. Buddhismus der Zuhörer, oder auch, in einer bekannteren Bezeichnung, Hīnayāna-Buddhismus, d.h. Buddhismus des kleinen Fahrzeugs, genannt. Die letzte, pejorativ gemeinte Bezeichnung entstand in den Kreisen des späteren Buddhismus, der sich das große Fahrzeug

(Mahāyāna) nannte, dessen Heilsweg allen Anhängern zugänglich ist, im Gegensatz zum früheren Buddhismus, dem kleinen Fahrzeug, das die Erlösung der kleinen Gruppe der Mönche vorbehält.

Der ältere Buddhismus zeichnet sich durch seine enge Bindung an die Ursprünge aus. Dennoch erfuhr er eine Entwicklung, die bestimmte Elemente entfaltete, welche dem späteren Buddhismus zur Grundlage dienten. Die wichtigsten dieser Elemente sind folgende:

Die Person des Buddha fing an, sich langsam von einem Lehrer und Meister zu einer transzendenten Gestalt, zu einer überweltlichen Größe zu entwickeln (bei den Mahāsāṅghika gegen die Sthavira; Pāli: Thera). Er wurde zu einem Wesen, das in seiner inneren Struktur reiner Geist ist, ein Geist, der eigentlich über der Welt wohnt, aber in der Gestalt eines empirischen Menschen erschienen ist, um den Menschen den Weg zum Heil bekannt zu machen. Diese Vorstellung entwickelte sich schließlich zu der Vorstellung eines absolut transzendenten Buddha, dem unendliche Eigenschaften zugeschrieben werden. Damit hing die Entwicklung des Buddhakultes zusammen, der vor allem in bestimmten heiligen Räumen der Klöster vollzogen wurde.

Neben dem Buddha profilierte sich die Gestalt des Bodhisattva. Der Bodhisattva ist ein Erwachter, der aber vorläufig auf das Nirvāṇa verzichtet hat, und zwar deswegen, weil er sich durch Gelübde verpflichtete, solange nicht in das Nirvāṇa einzugehen, bis er den Menschen geholfen hat, den Erlösungsweg zu finden und zu gehen.

Das stärkere Aufkommen solcher Ansichten bedeutet insofern eine Weiterentwicklung des Urbuddhismus, als dieser die Erlösung als Ergebnis der individuellen Bemühung ansah. Der Mönch durfte sich auf nichts verlassen; auch der Buddha war nur ein weiser Mensch gewesen, der die Lehre schaute und verkündete, der aber außerstande war, seinen Anhängern heilsame Hilfe zu gewähren. So ist der Mensch also auf sich selbst gestellt; nur seine eigene Anstrengung, seine Befolgung der Lehre des Buddha und seine Meditations- und Versenkungsübungen können ihn zur Weisheit und zur Befreiung von Verblendung und Lebenshang führen und dadurch vom automatischen Kreislauf der leidvollen Wiedergeburten erlösen.

Diese Auffassung erschien aber im Laufe der Zeit als unhaltbar angesichts der Masse der Buddhisten, der sogenannten Laien, die unmöglich ihre meiste Zeit der Meditation widmen konnten. In der späteren Literatur des älteren Buddhismus selbst findet sich sogar die Auffassung, daß auch die Mönche kaum in der Lage seien, den

Erlösungsweg zu gehen. Die Erlösung gewinnt somit einen eschatologischen Charakter: Erst in viel späteren Epochen des Weltzeitalters wird eine Minderheit von Mönchen so viel gutes Karman gesammelt haben und so viel rechten Entschluß besitzen, daß sie das Ziel erreichen können.

Das Anliegen der Laien neben den Heilsprivilegien der Mönche fand seine Befriedigung in der Lehre des Mahāyāna.

## *III. Der Mahāyāna-Buddhismus* (das große Fahrzeug)

Der Mahāyāna-Buddhismus entstand um die Wende unserer Zeitrechnung, kam aber erst nach dem 2. Jahrhundert zu seiner vollen Blüte. Sein bedeutendster Beitrag bestand darin, daß er neue Möglichkeiten der Erlösung anbot, die den Anliegen und der Lebenssituation der verschiedenen Gruppen in der Gemeinde Rechnung trugen. Diese Vielfalt der Heilswege wurde vor allem durch die Weiterentwicklung der Lehre vom Buddha und vom Bodhisattva ermöglicht.

Der *Buddha* hob sich immer deutlicher empor zu einem überweltlichen, transzendenten und absoluten Wesen, das über Raum und Zeit, aber auch über der Götterwelt der Formen und der noch höheren, immateriellen Welt des Formlosen steht. Dieser Buddha ist die absolute Wirklichkeit, er wird bald unpersönlich, bald personhaft vorgestellt und als *Körper des Gesetzes* bezeichnet. Dieser absolute Buddha gehört aber nicht zu unserer Welt und ist unserem Begreifen und Erfassen entzogen. Dennoch ist allein er die Realität, alles andere ist bloße vorläufige Erscheinung. Eine der Erscheinungen des absoluten Buddha ist der Himmelsbuddha, genannt *Genußkörper*. Dieser steht zwar über unserer empirischen Welt und lebt als Genosse der Götter, aber er ist mit unserer Scheinwelt in der Weise verbunden, daß er Gegenstand der Verehrung und des Kultes und dem menschlichen Begreifen und Erfassen zugänglich ist. Noch niedriger steht die irdische Erscheinung des Buddha, der *Schöpfungskörper*, der Buddha in menschlicher Gestalt. Er ist gestorben, seine ichleere Individualität ist aufgelöst und nicht mehr auffindbar. Für das Leben und die Heilssuche der Buddhisten behalten ihre Heilsbedeutung der hilfreiche Himmelsbuddha (vor allem für die Laien) und der absolute, geistige Buddha (für die Mönche, die der meditativen Versenkung und der mystischen Intuition fähig sind).

Parallel zum Buddha erfuhr die Gestalt des *Bodhisattva* eine starke Entfaltung und gewann in steigendem Maße an Bedeutung. Für den Laien ist der Bodhisattva die ideale religiöse Gestalt, denn er ist derjenige, der den Weg der Erlösung bis zum Ende gegangen ist, der aber aus Mitleid mit den Menschen sich verpflichtet hat, seine eigene endgültige Erlösung hinauszuschieben, um den Menschen beizustehen. Seine Hilfsbereitschaft kennt keine Grenzen, er ist sogar bereit, seine eigenen Verdienste auf andere zu übertragen, damit diese schneller oder überhaupt zum Heil finden. Es gibt irdische Bodhisattva: jeder Mensch, der Mitleid übt, hilfsbereit ist und sich für das Heil anderer einsetzt, ist möglicherweise ein Bodhisattva. Viel wirksamer aber sind die Himmelsbodhisattva, die in der Götterwelt wohnen, göttliche Eigenschaften gewonnen haben und sich nun ganz in den Dienst der Erlösung der Menschen stellen, bevor sie in das Nirvāṇa eingehen und die geistige Buddhaschaft erlangen.

Die Entwicklung der Lehre vom Buddha und vom Bodhisattva steht im Zusammenhang mit der Ausformung des traditionellen Heilsweges und der Aufdeckung neuer Erlösungsmöglichkeiten.

## 1. Ausformung des traditionellen Heilsweges

1. Außer dem Weg der Moral, der vom älteren Buddhismus ohne beachtliche Änderungen übernommen wurde, erfuhr der *Weg der negativen Weisheit* der Meditation, der Weltverneinung und der tiefen Einsicht eine Vertiefung und Neubestimmung. Dies geschah vor allem durch die Lehre der *Mādhyamika-Schule* (Mittelweg), deren Begründer Nāgārjuna um die Mitte des 3. Jahrhunderts n. Chr. gelebt haben soll. Die neue Grundlage der Meditation ist die Doktrin von der universalen Leere (śūnyatā; Pāli: suññatā). Schon der Urbuddhismus hatte festgestellt, daß alle weltlichen Dinge und alle menschlichen Lebensvorgänge unbeständig, leidvoll und ichleer sind. Die Mittelweg-Schule bringt diesen Lehrsatz zu seiner radikalsten Form. Alles ist leer, alles in dieser Welt ist nur Schein, auch der Buddha ist nur Schein. Es ist völlig illusorisch, irgend etwas von dem, was man wahrnimmt oder denkt, als eine Entität, als person- und substanzhaft zu betrachten, denn wo Wahrnehmungen oder Denkinhalte sind, bleibt man innerhalb der empirischen Welt, welche ja nur Schein ist, da der Mensch absolut unfähig ist, Begriffe und Vorstellungen ohne Bezug auf diese Welt zu bilden. Das Absolute selbst, das Nirvāṇa oder der transzendente Buddha des Gesetzes, wird nur als Gegensatz zum relativen Empirischen begriffen.

Die Mittelweg-Schule hat ihre negative Weisheit so konsequent entwickelt, daß sie Sätze aufstellte, die paradoxal und verwirrend klingen: Alles ist leer, die Welt ist leer, der Mensch ist leer, auch der Buddha ist leer, auch das Nirvāṇa ist leer. Damit wird weniger eine spekulative Theorie aufgebaut als eine praktische Haltung nahegelegt: Der Weise soll sich überhaupt um kein Ding und kein Ziel mehr in seinem Leben bemühen. Diese totale Loslösung von der Welt bringt erst den Weisen in den Zustand des ruhigen Gleichmuts und der inneren Befreiung, welcher ihm den Heilsweg freilegt.

Die Haltung des Weisen drückt sich in drei Grundsätzen aus:

Nicht-erreichen: Der Weise ist so ruhig und so frei geworden, daß er nichts mehr zu erreichen sucht, nicht einmal das Nirvāṇa. Wenn das Nicht-erreichen vollkommen geworden ist, dann besteht im Menschen gar kein Lebenshang mehr, dann ist die Auflösung des empirischen Menschen und damit die Erlösung nahe.

Nicht-behaupten: Alles, was man sagt, gehört zu dieser leeren Welt und kann daher nichts Wesentliches ausdrücken, nichts Wirkliches erreichen und erfassen. Der Weise soll seinen Geist von jeder Befleckung und von jedem Denkinhalt läutern, er soll jede Bindung an diese Welt abbrechen, indem er gedanklichen Äußerungen und logischen Erwägungen entsagt. Damit verstärkt sich in ihm die Einsicht in die Scheinrealität dieser Welt, und der Zustand der inneren Ruhe stellt sich leichter ein.

In dieselbe Richtung weist auch der dritte Grundsatz: Sich auf nichts verlassen, denn nichts in dieser Welt ist wert, daß man sich daran bindet. Die Erlösung besteht ja in der Auflösung und dem Verschwinden aus dieser Scheinwelt.

Wenn sich der Weise durch Meditation und wiederholte Übungen zu dieser negativen Haltung durchringen kann, dann erst gewinnt er die Allwissenheit, d.h. das Wissen um die Zusammenhänge der Welt und die heilsame Einsicht in die Leere aller Dinge, so daß er keine Bindung mit oder innere Beziehung zu dieser Welt mehr unterhält. Ob er nun denkt, redet oder handelt – ihn selbst betreffen seine Gedanken und Taten nicht mehr. Sein Geist wird nicht mehr durch einzelne Gedanken, sein Gemüt nicht mehr durch Welterscheinungen und Lebensvorgänge berührt. Der Weise hat die innere Ruhe erreicht, die ein Vorgeschmack der endgültigen Erlösung ist.

Damit wird ausgesagt, daß man das Ziel, die Buddhaschaft, das Nirvāṇa, nicht suchen soll, als wären sie Entitäten außerhalb des Menschen oder über ihm. Im Grunde besteht kein Unterschied zwischen dem Nirvāṇa unserer Vorstellung, der Buddhaschaft unserer

Sehnsucht und jedem anderen Wesen dieser Welt. Der Weise weiß, daß dies alles leer ist, und er besitzt schon die Überzeugung von seiner grundsätzlichen Identität mit der Buddhanatur und dem Nirvāṇa.

Die Leere hat also zwei Seiten. Ihre negative Seite deutet auf die Unbeständigkeit, Vergänglichkeit, Ichleerheit der Dinge der Welt und der Lebensvorgänge. Damit erleichtert sie dem Weisen, sich von der Welt loszulösen. Die Leere ist aber auch, positiv betrachtet, die Eigenschaft aller Erscheinungen. Erst wenn diese Erscheinungen aufgelöst worden und verschwunden sind, tritt ihre Leere zutage, und zwar als das einzig Bestehende, als Urprinzip der Welt, aber auch als Urnatur des Buddha, denn dieser kann nur als ichleerer, aufgelöster ins Nirvāṇa eingehen. Erst die Leere ermöglicht das Zutagetreten des Nirvāṇa und die Identifikation der Buddhanatur mit ihm.

2. Eine neue Akzentsetzung erfuhr der Weg der negativen Weisheit durch die Anhänger der Yoga-Methode, *Yogācāra-Schule* genannt, welche im 5. Jahrhundert n. Chr. entstand und im 6. Jahrhundert den Mahāyāna-Buddhismus beherrschte. Auch für diese Schule besteht die erlösende Weisheit darin, daß man sich durch Meditation die Einsicht aneignet, daß alles leer, alles nur Schein ist. Eines besteht jedoch als Ursprung und Urprinzip aller Dinge der Welt und aller Vorgänge des menschlichen Lebens, und dieses eine ist der Geist. Alles ist leer, und alles ist Schein, weil eben alles ein bloßes Erzeugnis des Geistes ist oder, nach der Ausdrucksweise der Schule, weil alles bloße Befleckung des reinen Geistes ist.

Während die Mittelweg-Schule die betrachtende Meditation als Grundlage ihrer mystischen Einsichten ansieht, gründet die Lehre der Yogācāra-Schule auf der Erfahrung des Trancezustandes und dem Erlebnis der ekstatischen Versenkung. In der Versenkung verschwindet alles, auch die Denkinhalte, es bleibt nur noch eines, ein absolutes Element, und das ist der Geist, das Denkvermögen, das reine Erkennen, das inhaltsleere Bewußtsein. Man nennt es auch Grundbewußtsein oder, im Hinblick auf seine Funktion, Speicherbewußtsein. Der reine Geist ist der Urgrund der Individualexistenz des Menschen; er wird zum Speicherbewußtsein, wenn er beginnt, unter dem Einfluß des Karman der früheren Existenz Denkinhalte zu bilden und zu speichern. Damit befleckt sich der reine Geist oberflächlich und verursacht zunächst das „abhängige Entstehen" des Individuums, das wir oben beschrieben haben. Die dritte Stufe ist die tiefe Befleckung des Geistes; sie erfolgt, wenn dieser sich weitere Eindrücke und Vorstellungen einprägt und einbildet: diese Eindrücke und Vorstellungen machen eben die gesamte empirische Welt aus.

Wenn nun der Mensch die totale Läuterung seines Geistes nicht erreicht, so bleibt nach dem Tod das Speicherbewußtsein mit dem Karman des vorigen Lebens behaftet und befleckt. Der Weg zur Erlösung besteht darin, durch die Meditation, durch die Konzentration des Geistes und die darauffolgende Versenkung alle Bewußtseinsinhalte zu beseitigen, so daß der Geist, wenigstens für einen Augenblick, sich selbst in seiner eigenen Reinheit erlebt und so zur Erkenntnis seiner wahren Natur erwacht. Bei Wiederholung der ekstatischen Versenkung gewinnt der Geist immer mehr Distanz zu seinen Bewußtseinsinhalten und befreit sich von der Illusion unserer Scheinwelt; er konzentriert sich immer häufiger auf die absolute, reine geistige Wirklichkeit, bis er durch die Kette der wiederholten Erwachenserlebnisse hindurch zum endgültigen Erwachen, zum Nirvāṇa, gelangt. Erst als reiner, unbefleckter Geist erreicht der Erlöste die absolute Wirklichkeit, die Buddhanatur.

Aus den Meditationsmethoden der Mittelweg-Schule und vor allem der Yogācāra-Schule entwickelte sich der Weg der chinesischen Ch'an-Richtung (vor allem vom 8. Jahrhundert ab), die nach Japan weitergetragen wurde und dort vom 13. Jahrhundert an die Grundlage des *Zen-Buddhismus* bildete*.

## 2. Neuer Heilsweg: Glaube und Hingabe

Außer der Weiterentwicklung der traditionellen Heilswege hat der Mahāyāna-Buddhismus einen neuen Weg freigelegt, und zwar vor allem für die Laien und für alle diejenigen, die, aus welchem Grund auch immer, nicht imstande sind, den Weg der negativen Weisheit zu gehen und sich hauptsächlich der vertieften Meditation oder der ekstatischen Versenkung zu widmen. Der neue Weg ist der der glaubenden Hingabe (bhakti). Theoretisch gründet dieser Weg auf der Lehre der Mittelweg-Schule, die besagt, daß im Grunde alles leer ist und daß folglich kein grundsätzlicher Unterschied zwischen Erwachten und Nichterwachten, Erlösten und Nichterlösten, zwischen dem Buddha und den übrigen Menschen besteht, da alle die Buddhanatur schon besitzen und somit fähig sind, das Erwachen zu erreichen. Der einzige Unterschied besteht darin, daß die einen um diese Wahrheit wissen und die anderen nicht. Um zu dieser

---

* *Hugo M. Enomiya-Lassalle*, Zen-Buddhismus, Köln 1966.

Erkenntnis zu gelangen und dadurch das Erwachen zu erreichen, braucht derjenige, der der Meditation oder der Versenkung unfähig ist, eine Hilfe von außen. Diese Hilfe gewähren ihm der Himmelsbuddha und die vielen Bodhisattva, sofern der Mensch sich ihnen in gläubiger Hingabe zuwendet. Dadurch wird zweierlei bewirkt: Einmal übt sich der Mensch in den heilsamen Tugenden, die ihm zur Loslösung von der Welt helfen und ihm eine immer günstigere Wiedergeburt bereiten, bis er endlich das Erwachen und die endgültige Erlösung findet. Zum anderen bedeutet die Zuwendung des Buddha und der Bodhisattva zum Menschen eine Wohltat auch für das Leben in dieser Welt. Ihr Schutz bringt Heil, ihr Wohlwollen ist Ursache unzähliger, auch materieller Vorteile.

Die glaubende Hingabe drückt sich hauptsächlich in folgenden Verhaltensformen aus:

- Führen eines moralisch tadellosen Lebens und Streben nach einer Lebensweise, die der des Buddha oder des Bodhisattva ähnlich ist.
- Verehrung des Buddha. Dadurch wurde der Buddha zum Gegenstand eines ausgeformten *Kultes:* Lobpreis, Verehrung, Gedenken und Nachahmung verbinden sich mit der Darbringung von Geschenken und Opfern. Dieser Kult bietet den Laien die Möglichkeit, große Verdienste zu sammeln und sich damit eine heilsgünstigere neue Existenz bzw. eine Wiedergeburt in der Götterwelt im voraus zu erwerben. Eine bestimmte Form des Kultes entwikkelte sich durch das Zusammenwirken der Meditationsmethoden mit dem Liebesverlangen der Gläubigen. Viele konzentrierten nämlich ihren Kult auf einen bestimmten Buddha oder Bodhisattva. Dadurch bildete sich zwischen ihnen und dem Gegenstand ihrer Verehrung ein Liebesband, das dem Buddha bzw. dem Bodhisattva eine immer tiefere Hingabe des Gläubigen, aber auch dem Gläubigen einen immer heilsameren Beistand des Buddha bzw. Bodhisattva sicherte. Um den Buddha Amitābha entwickelte sich fast eine eigene Religion. Charakteristisch dabei ist die Form der Verehrung durch wiederholte *Anrufung des Namens* des Buddha. Der Name macht den Buddha gegenwärtig, und seine Anrufung ist imstande, eine Liebesbeziehung zwischen ihm und dem Anrufenden herzustellen. Die Anhänger dieser Methode unter den Mönchen forderten von sich selbst eine Häufigkeit dieser Übung, die sie den Laien nicht auferlegen mochten. Eine Weiterentfaltung erfuhr diese Methode ab 950 n. Chr. in Japan (Amidismus), vor allem durch die von Hōnen (1133–1212) gegründete Jōdo-Sekte.
- Möglich und heilvoll ist auch der Weg des ehrlichen *Glaubens.*

Der Gläubige ist von der Hilfsbereitschaft des Buddha bzw. Bodhisattva tief überzeugt und verpflichtet sich selbst, in Nachahmung der Bodhisattva alle gewonnenen Verdienste dafür einzusetzen, daß die Menschen jeweils günstigere Wiedergeburten erlangen, auf daß das Erwachen und die endgültige Erlösung leichter erfolgen. Weitergeführt wurde dieser Weg im japanischen *Amidismus.* Erwähnenswert ist hier die Betonung des Vertrauens in Amida-Buddha, hauptsächlich durch die vom Hōnen-Schüler Shinran Shōnin (1173–1262) gegründete Shin-Sekte.
Eine andere Methode versucht, durch die Betrachtung der Eigenschaften des Buddha eine engere Beziehung zwischen dem Meditierenden und dem Gegenstand seiner gläubigen Betrachtung herzustellen.

## *IV. Der tantrische Buddhismus*
## (Vajrayāna: das Diamantfahrzeug)

Eine weitere Anpassung an die Bedürfnisse der Menschen erfuhr der Buddhismus in der stark synkretistischen und esoterischen Gestalt des tantrischen Buddhismus. Im Tantrismus vermengt sich seit dem 7. und vor allem dem 8. Jahrhundert die buddhistische Tradition des Mahāyāna mit Elementen der primitiven Religion der indischen vorarischen Bevölkerung, deren Hauptmerkmal die Betonung des Kultes und seiner magischen Auswirkungen ist. Das Magische ist übrigens selbst dem Urbuddhismus nicht fremd, nämlich in der Lehre, daß der zum Erwachen gelangte Heilige magische Kräfte besitze und sich übermenschliche Eigenschaften aneigne. Was aber hier nur eine Randerscheinung ist, wird zu einem Kernpunkt des Tantrismus, dessen religiöse Literatur hauptsächlich aus magischen Formeln und Ritualtexten und den diesbezüglichen Lehrbüchern und Kommentaren besteht.

### 1. Die Lehre des Tantrismus

Die Heilslehre des tantrischen Buddhismus muß dennoch vor allem als Weiterführung bestimmter Auffassungen des Mahāyāna angesehen werden. Die Lehre von den verschiedenen Buddha, die Buddhologie, wurde in die Richtung weiterentwickelt, daß nun eine bestimmte Rangordnung der Buddha und vor allem eine Entsprechung zwischen den Himmelsbuddha und der empirischen Welt oder gar Teilen dieser Welt oder des Menschenkörpers festgelegt wurden. Dies ermöglichte eine bessere Handhabung des Buddhakultes, da man den hilfreichen Buddha um so leichter erreicht, je gezielter der Kult seine Übungen an die entsprechenden Teile der Welt oder des Menschen knüpft. Neben den Buddha tauchen weibliche Gottheiten, Shakti genannt, auf. Sie personifizieren die Energie und die Kraft des jeweiligen Buddha, dem sie zugeordnet sind. Diese Shakti besitzen die gewöhnlichen Eigenschaften der Göttinnen traditioneller Pantheone. Sie sind gütig und schrecklich zugleich wie auch die übrigen irdischen Erscheinungsgestalten der Buddha selbst.

Somit wurde die Verwandlung der Buddha in Gottheiten geläufiger Prägung vollzogen. Über der Vielzahl der Himmelsbuddha steht nach der Lehre einiger tantrischer Sekten ein absoluter Buddha, der völlig transzendent ist, dessen Transzendenz die des Gesetzesbuddha des Mahāyāna noch übertrifft und der auch Diamantbuddha genannt wird. Dieser höchste Buddha spielt im Tantrismus unleugbar dieselbe Rolle wie der höchste Gott in einem polytheistischen Pantheon, und ihm wird sogar die durch magische Kräfte bewirkte Erschaffung der Welt zugeschrieben. Diese Welt, einschließlich des Menschen, ist also nichts anderes als die magische Schöpfung, eine Erscheinung, die aus dem Denken des transzendenten Diamantbuddha hervorgetreten ist.

Damit nimmt der Tantrismus die Lehre der Yogācāra-Schule auf. Andererseits behält er die Doktrin der Mittelweg-Schule von der universalen Leere bei. Der Erlösungsweg führt zum Erwachen über die Erkenntnis unserer wesenhaften Identität mit dem Buddha und auch mit der Welt. Die Anwendung bestimmter Übungsmethoden hilft dem Menschen, seine transzendente Natur wiederzuerlangen, d.h. das zu werden, was er eigentlich immer war, ein Buddha. Die Erlösung bedeutet also die Aufhebung der vermeintlichen Dualität zwischen dem Menschen und dem Buddha. Dies geschieht entweder durch Vernichtung der Daseinsfaktoren des Individuums mithilfe von furchterregenden Dämonen und Gottheiten oder durch Vereinigung mit der Buddhanatur, die als eine integrierte Einheit von männlichem und weiblichem Prinzip aufgefaßt wird.

Beide Wege nehmen eine esoterische und sexuelle Form im sogenannten *linkshändigen* Tantrismus an. Diese Umwandlung des geschlechtsfeindlichen Urbuddhismus kann befremden, sie findet aber im Tantrismus eine dreifache Rechtfertigung: 1. Wenn Mensch, Welt und Buddhanatur eigentlich identisch sind, so ist es nicht einzusehen, warum die Sinnesorgane und das Verlangen nach erotischer Lust den Menschen vom Heil abbringen sollen. Die Leidenschaften liegen ja nicht außerhalb des Nirvāṇa, und ihre Befriedigung kann also den Menschen nicht vom Heil fernhalten. 2. Andererseits wird gerade der Mensch, der seine Lust befriedigt und seine Leidenschaften mit ihren jeweiligen Objekten in Berührung bringt, feststellen, wie leer, eitel und leidvoll die vermeintlich lustvollen Dinge der Welt sind. 3. Endlich gilt es doch, die Buddhanatur wiederzuerlangen, das Transzendente zu erreichen. Wenn aber dieses Transzendente als eine integrierte Einheit von männlichem und weiblichem Prinzip angesehen wird, so stellt der Mensch seine Identität mit ihm her, wenn er durch Geschlechtsverkehr seine eigene Integration erreicht und sich seiner eigenen Buddhanatur nähert. Wegen ihrer verborgenen Gefahren wurde jedoch diese Methode nicht allen, sondern nur denjenigen freigegeben, die durch langwierige Übungen eine solche Einsicht, Weisheit und innere Ruhe erlangt haben, daß sie ohne Schaden, eher mit Gewinn, sich den Leidenschaften und den magischen Kulthandlungen hingeben können.

Der *rechtshändige* Tantrismus, der vor allem in China seit dem 8. Jahrhundert blühte, verurteilt die Pflege und die Befriedigung der Leidenschaften. Für ihn sind die Leidenschaften zwar unentbehrlich, weil sie dem Menschen die nötige Energie und Kraft verleihen, aber der Heilsweg wird erst durch ihre Sublimierung geebnet, und erst dann gelangt man zur mystischen Intuition und zur ruhevollen Weisheit, den Vorstufen der Erlösung.

## 2. Methode und Übungen

Die Übungen des Tantrismus haben einen doppelten Zweck: Die einen erwarten von ihnen eine wirksame Hilfe zur Erlangung der Einsicht, die anderen richten ihr Verlangen auf die Wunderkräfte, die durch die magischen Praktiken zu erwerben sind.

- Die Meditation und die Versenkung bilden, wie in der gesamten buddhistischen Tradition so auch im Tantrismus den Kern der religiösen Übungen. Durch sie kann der Mensch seine Identität mit dem Transzendenten oder dem Göttlichen erkennen und wiedergewinnen. Die Möglichkeiten, sich die Gottheit zu vergegenwärtigen, mit der man die Einigung erstrebt, sind verschieden. Man kann dazu eine dieser Gottheit entsprechende *Silbe* benutzen. Diese Silbe gilt als der Same der Gottheit, d.h. der Keim, der sie enthält. Durch beharrliche Wiederholung dieser Silbe verstärkt sich die Konzentration des Geistes auf diese Gottheit. Die Samensilbe eines männlichen Gottes ist *Hum* oder *Phat;* die einer weiblichen Gottheit ist *Svaha.* Eine der berühmtesten Formeln beschwört den Bodhisattva Avalokiteśvara (der dem historischen Buddha entspricht) herauf; sie lautet: Om Mani Padme Hum.

Es gibt auch magische Kreise, *Mandala* genannt, die die Gottheit in ihrem Verhältnis zur Geisteswelt oder zum Kosmos zeigen und sie also in einer ihrer konkreten Erscheinungen oder Wirkungen gegenwärtig machen. Desgleichen können *Bilder* von Gottheiten die Meditation fördern. Endlich kann die Betrachtung durch rituelle Bewegung unterstützt werden, wobei die Bewegung des Körpers das Rezitieren der Formeln (Mantra) begleitet und damit die meditative Versenkung des Geistes begünstigt. Wenn die Identifikation mit der Gottheit erfolgt, gewinnt der Körper des Meditierenden übermenschliche Wunderkräfte, welche in einer komplizierten Theorie in Verbindung mit bestimmten Körperteilen gebracht werden.

– Neben der Meditation erfreuen sich die Zaubersprüche größter Beliebtheit. Sie werden zur Erlangung verschiedenartigster Zwecke verwendet, auch für solche Zwecke, die wegen ihres weltlichen Charakters nach der ursprünglichen Tradition nichts mit der Erlösung zu tun haben.

## *V. Der Buddhismus heute*

Der ältere Buddhismus entstand und entwickelte sich in Indien, wo er sich gegenüber dem Hinduismus behaupten konnte. Durch Missionstätigkeit verbreitete er sich außerhalb Indiens in Ceylon, Burma, Thailand, Kashmir und Sumatra. Zwischen dem 11. und dem 13. Jahrhundert verschwand er aber aus Indien, weil er dem Druck des wiederauflebenden Hinduismus nicht standhalten konnte. Aus Sumatra und Zentralasien wurde er durch den Tantrismus (9. Jahrhundert) und den Islam (10. Jahrhundert) verdrängt.

Der ältere Buddhismus der Theravāda-Schule ist jedoch bis heute in Ceylon, Burma, Thailand, Kambodscha und Laos erhalten geblieben, und es scheint, daß er heute eine neue Blüte erlebt. Durch den Kontakt mit Kultur und Zivilisation des Abendlandes leitete sich eine Erneuerungsbewegung ein, die die Anpassungsfähigkeit des Buddhismus demonstriert. Durch seine Institutionen, seine Schulen, seine Krankenhäuser und Wohltätigkeitseinrichtungen spielt er in der Gesellschaft eine bedeutende Rolle. Manchmal greift die Mönchsgemeinschaft sogar in die politischen Angelegenheiten des jeweiligen Landes ein und unterbreitet Lösungsvorschläge, die nach ihrer Auffassung dem Geist der Lehre und dem Wohl des Volkes gleichermaßen entsprechen. Freilich gibt es innerhalb der Mönchsgemeinschaft in bezug auf die soziale und politische Tätigkeit der Mönche Meinungsverschiedenheiten zwischen den konservativen Gruppen, die sich mehr Abgeschiedenheit und Ruhe zur Meditation wünschen, und denen, die das Engagement als Pflicht der Mönche ansehen, da sie ja zu grenzenlosem Mitleid angehalten sind*.

Der Mahāyāna-Buddhismus wetteiferte jahrhundertelang in Indien mit dem älteren Buddhismus, bis beide aus Indien durch den Hinduismus und die Eroberungszüge des Islam verdrängt wurden. So blieb das Mahāyāna nur noch in China, Japan, Korea und Vietnam lebendig. Es betätigt sich sozial und engagiert sich politisch. Im Industrieland Japan hat der Mahāyāna-Buddhismus mit den Problemen der Säkularisierung zu ringen und muß sich gegenüber dem traditionellen Shintoismus behaupten**.

Was den tantrischen Buddhismus anbelangt, so lebt er, nach seiner Entstehung in Indien und seiner Ausbreitung in China, heute hauptsächlich in Tibet und der Mongolei weiter***.

Neben dem Hinduismus mit seiner erstaunlichen Fülle und seiner fast grenzenlosen Aufnahmefähigkeit religiöser Phänomene und neben dem Islam mit seiner strengen Festlegung auf den einen, einzigen, barmherzigen und gütigen Gott ist der Buddhismus im Fernen Osten der Gesprächspartner des Christentums.

Es gilt, mit ihm den Dialog zu führen, einen ehrlichen und offenen Dialog, in dem jeder Partner vom anderen lernt und Hilfe empfängt, aber auch jeder dem anderen auf religiöser, kultureller, sozialer und politischer Ebene seine Hilfe anbietet.

---

* Für weitere Einzelheiten siehe *H. Bechert*, Buddhismus, Staat und Gesellschaft in den Ländern des Theravāda-Buddhismus, 2 Bde., Frankfurt a. M. 1966, Wiesbaden 1967.

** Siehe *H. Dumoulin* (Hrsg.), Buddhismus der Gegenwart, Freiburg i. Br. 1970.

*** Siehe *G. Tucci/W. Heissig*, Die Religionen Tibets und der Mongolei = Die Religionen der Menschheit 20, Stuttgart 1970.

## Literatur

*Quellen*

Die Lehrreden des Buddha aus der Angereihten Sammlung Aṅguttara Nikāya, Übers. von Nyanatiloka, Hrsg. Nyanaponika, 3. Aufl., 5 Bände, Köln 1969 (1. Aufl. Leipzig/Breslau 1911).

*E. Meier/A. Th. Khoury*, Buddha für Christen (Herderbücherei 1303), Freiburg 1986.

*M. Walleser*, Die mittlere Lehre (Madhyamikaśastra), Heidelberg 1912.

*Ders.*, Prajñāpāramitā, Die Vollkommenheit der Erkenntnis, Göttingen 1914.

*G. Mensching*, Buddhistische Geisteswelt, Darmstadt 1955.
*E. Frauwallner*, Die Philosophie des Buddhismus (Philosophische Studientexte), Berlin 1956.

*Darstellungen*

Außer den schon im Texte erwähnten Titeln (Frauwallner, Bareau, Enomiya-Lassalle, Bechert, Dumoulin) empfehlen sich folgende Bücher:

*H. Oldenberg*, Buddha, sein Leben, seine Lehre, seine Gemeinde, 13. Aufl. hrsg. Glasenapp, Stuttgart 1959 (= Goldmanns Gelbe Taschenbücher, 708–709, München 1961).
*D. Schlingloff*, Die Religionen des Buddhismus: I. Der Heilsweg des Mönchstums; II. Der Heilsweg für die Welt (= Sammlung Göschen 174, 770), Berlin 1962, 1963.
*E. Conze*, Der Buddhismus, Wesen und Entwicklung (= Urban-Bücher 5), 4. Aufl., Stuttgart 1971.
*H. v. Glasenapp*, Der Buddhismus in Indien und im Fernen Osten, Berlin/Zürich 1936.
*Ders.*, Buddhistische Mysterien, Stuttgart 1940 (Tantrismus).
*K. E. Neumann*, Die Reden Gotamo Buddhos, 3 Bde., Zürich, 2. Aufl. 1956.
*G. Grimm*, Die Lehren des Buddho, Passau 1957; 15. Aufl. Wiesbaden o. J.
*H. Dumoulin*, Begegnung mit dem Buddhismus, Herder-Bücherei 642, Freiburg 1978.
*H. W. Schumann*, Buddhismus. Stifter, Schulen, Systeme. Olten/Freiburg 1976.
*U. Schneider*, Einführung in den Buddhismus, Darmstadt 1980.
*E. Meier*, Kleine Einführung in den Buddhismus (Herderbücherei 1158), Freiburg 1984.

# Diskussionsnotiz

An der Diskussion nimmt der Tübinger Indologe Professor Dr. Paul Thieme teil.

Zu den Konzentrationsübungen wird bemerkt: Für den Mönch, der meditieren will, kommt es auf die Körperhaltung an. Er sitzt auf einer Matte mit gekreuzten Beinen, versucht, die Hände so zu halten, als ob sie eine Kugel umfaßten (die die geformte Welt, den Kosmos darstellt), er versucht, einen Konzentrationspunkt, etwa einen Meter vor sich, anzustarren, keinen Gegenstand, nur den Punkt, den er fixiert, um den Geist zu konzentrieren. Dazu kommt die Regulierung des Atems. Beim Einatmen versucht er den Weg des Atems so weit wie möglich zu verfolgen, den Geist auf diesen Vorgang zu konzentrieren, einen Vorgang ohne große Bedeutung. Dann versucht er den Geist zu leeren von jedem Denkinhalt. Um die vielen Denkinhalte zu entfernen, versucht er, so sehr an einen davon zu denken, daß alle anderen verschwinden. Im Zen-Buddhismus betrachtet er einen unmöglichen Satz, z. B. die Frage: „Was ist der Buddha?“ – Antwort: „Drei Pfund Flachs.“ Daran hängt der Achtsame wochenlang. Wenn der Geist leer ist, hat er zu dieser Welt nur noch Verbindung durch seinen Körper. Die Übungen dienen dazu, auch dieses Empfinden verschwinden zu lassen. Wenn der Mensch das durch die Sinnesorgane vermittelte Behagen verliert, ist es möglich, daß die Erleuchtung kommt. Herbeizwingen kann er sie nicht. Aber es kann geschehen, daß sich der Mönch für einen Augenblick erlebt als reinen Geist; hat er dieses Erlebnis öfters, hat er sich dem Erwachen genähert. Allein kann man diese Übungen nicht machen – manche glauben, wenn sie einen Schwächeanfall gehabt haben, sie haben eine Erleuchtung gehabt –, man muß sich einem Erfahrenen, einem Meister unterordnen. Der Lehrmeister kann an der Haltung und am Blick die Befreiung erkennen. –

Der Weg zur Erlösung, den der Buddhismus zeigt, ist zunächst eigentlich amoralisch, der Weg eines auserwählten Egoisten. Von Haus aus waren die Mönche Söhne aus guten Familien, dort klagte man: Buddha hindert unsere Söhne, ein nützliches Leben zu führen. Der Mönch blieb immer der eigentlich gemeinte Mensch. Sein Stand wird nicht wie der des christlichen Mönches so verstanden, daß der Mönch zwar ein höheres Leben führt, aber der Laie eine eigene andere Berufung hat, und der Gedanke der Stellvertretung ist unbekannt. Da aber niemand im Alleingang zum Erwachen gelangt, sondern den anderen, den Erfahrenen braucht, wurde es der klassische Sozialimpuls des nördlichen Buddhismus, für diese Funktion verfügbar zu sein. Fortgeschrittene schoben es um der Führung der anderen willen auf, in die Vollendung einzugehen, und auch von Buddha selbst wurde nachträglich ein solcher ausdrücklicher Entschluß erzählt; nur darum wurde er alt. Aber das Leiden des anderen appellierte immer nur an diese eine Art der Hilfe, die dem anderen den Weg zeigt, sein Bewußtsein umzubilden im Sinne des Durchschauens des Schleiers, der unsere Existenz umgibt, und des Erwachens aus der Leidensexistenz überhaupt. Nicht appelliert wurde an so etwas wie tätig abhelfende oder auch nur mittragende Nächstenliebe. Denen, die sich über ihr Leiden, zumal dessen tiefere Schichten, auf die gewöhnliche Weise hinwegbringen, muß sogar erst bewußt gemacht werden, daß sie leiden, damit sie sich auf den Weg machen zur prinzipiellen Leidensüberwindung. Den Laien drängt es ja von Haus aus nicht zum Nirwana.

Auf die Frage, wie sich hiernach der Buddhismus zur sozialen und sozialistischen Bewegung der neueren Zeit verhalte, wird geantwortet: Mindestens der moderne nördliche Buddhismus bestimmt seine Anhänger nun auch dazu, in unserem Sinn zu helfen, in dieser Welt Gutes zu tun und sich des Leidenden zu erbarmen, etwa auch Krankenhäuser zu bauen. Um gegen einen greuelhaften Krieg zu protestieren, haben sich vietnamesische Mönche öffentlich verbrannt. Die Hilfe zur Verbesserung des Lebens *in* dieser Welt bleibt aber im Dienst der eigentlichen Zielsetzung, der Hilfe zur Loslösung *von* dieser Welt. Jene allgemein verständliche Hilfe soll das Angebot der eigentlichen Hilfe glaubwürdig machen. Offen bleibt, ob auch ein Zusammenhang gesehen wird zwischen einem Minimum irdischen Wohls und der Empfänglichkeit für das Heilsangebot, so wie im Judentum gesagt wurde: Wo kein Brot ist, ist auch keine Thora. Jedenfalls kann man daran gehen, dem massivsten Leiden des Menschen abzuhelfen, und es dennoch für den notwendigen ersten Schritt auf dem Erlösungsweg halten, daß der Mensch sich seines Leidens bewußt wird. Vielleicht ein Umweg; aber die Mönche haben Zeit.

Ob der Buddhismus sich auch mit dem Marxismus verbinden könne? Insofern der Buddhismus an keine personale Gottheit glaubt, stört es ihn nicht, daß der Marxismus atheistisch ist. Andererseits hat sich aber der nördliche Buddhismus zu einer Religion entwickelt in dem Sinn, daß etwas anderes als das innerweltliche Wohl das absolut Maßgebende ist, und die Zuwendung dorthin ist dem Gebet mindestens ähnlich. Insofern sind Marxismus und Buddhismus unvereinbar. Zu tatsächlichen Verbindungen zwischen beiden scheint es bisher nicht gekommen zu sein.

Der moderne nördliche Buddhismus, formuliert ein Teilnehmer, will nicht den Himmel auf Erden herstellen, aber doch mitwirken, daß hier nicht die Hölle ist.

Auch in seiner südlichen Erscheinungsform führt die dem Buddhismus ursprungseigene Friedfertigkeit und achtsame Schonung alles Lebenden jedenfalls auch bis zum Mitleid. Das hat Schopenhauer am Buddhismus richtig gesehen. Mehr läßt sich in einer derart schematisierenden Betrachtung noch nicht sagen. –

Die radikale Suche danach, was denn in Handeln und Gesinnung das wahrhafte Gute sei, die das Abendland seit Sokrates, seit den Propheten in schöpferischer Unruhe hält, ist dem Buddhismus fremd.

Die Gebote für das bloße geordnete Zusammenleben, nach Art des Dekalogs, lehrt auch der Buddhismus. 5 von seinen 10 Geboten gelten für jedermann, die 5 anderen sind den Mönchen vorbehalten. Nur die Mönchsgebote unterscheiden sich von den Anweisungen, die überhaupt die Grundlage jeder Gemeinschaft bilden. Im Zentrum stehen die 3 Mönchsgelübde: Armut, sexuelle Enthaltsamkeit, grenzenlose Friedfertigkeit.

Die Mönchsgelübde werden sehr radikal verstanden und praktiziert. Die Klöster wurden auch hier reich, aber der Mönch blieb arm. „Ich brauche ein neues Gewand" darf er nicht sagen. Einen neuen Topf zum Erbetteln der Speise empfängt er nicht, ehe der alte das dritte Mal zerbrochen ist. Die Frau, die ihm die Speise einfüllt, sieht er nicht an. In der Regenzeit bleibt er im Kloster, um unterwegs keine Ameise, keine keimende Pflanze zu zertreten. Der Zölibat wurde allerdings vom japanischen Buddhismus aufgegeben. Vor der Mönchsgemeinde bekennt der Mönch alle 14 Tage seine Verfehlungen. Die strenge Zucht gilt, solange der Mönch Mönch ist; auszutreten steht ihm frei. Solcher Strenge unterwirft man auch für einige Zeit die Knaben, und ebenso unterwerfen sich ihr Männer, die lange in Weltgeschäften gestanden haben, ähnlich etwa Cosimo Medici zeitweise bei den Bettelmönchen von San Marco lebte, „ut quandoque liberius vacaret Deo". Die Familie kann hoffen, daß der Hausvater, von der Freundlichkeit Buddhas belehrt, duldsamer, als er war, zurückkommt. –

So wenig der Buddhismus nach unserer Art auf der Suche nach dem wahrhaft guten Denken und Handeln in dieser Welt ist, so intensiv und unabgeschlossen ist seine Suche nach der begrifflichen Fassung und dem System des von der Welt erlösenden Wissens. Eine Glaubenslehre, die auf einer längst abgeschlossenen Offenbarung beruht, logisch unter Verwerfung des Gegenteiligen formuliert ist, kanonisch gilt und eingeschärft wird, ist ihm fremd. Daß etwas zutrifft *und* nicht zutrifft, ist eine ihm angestammte Denkweise. Daher zeichnet den Buddhismus eine uns frappierende Toleranz aus. In jedem Kloster ist der Bekenner einer noch so abweichenden Lehre willkommen. Daß es die höchste soziale Verpflichtung sein könnte, die Mitmenschen vor falscher Lehre zu bewahren, also die Ketzerbekämpfung, wäre ein unbegreiflicher Gedanke.

Wie verhält sich das existenzverändernde Wissen im Buddhismus zu der etwa gleichzeitigen Hinwendung des griechischen Geistes zu einem Leben in der Haltung philosophischen Schauens, der Theoria? Hier wie dort lautet der Lebensvorschlag, sich von der unmittelbaren Welt der flüchtigen Erscheinungen und des sinnlichen Behagens, in Wahrheit einer Welt des Leidens, aber auch des Scheins, zu lösen und zu Unvergänglichem sich zu erheben. Aber in der Philosophie der Griechen blieb bei allem Aufschwung über die Sinnenwelt der Wunsch mächtig, gerade deren Einheit und System zu erfassen, ihr geistiges Band in die Hand zu bekommen. Darum geht es im Buddhismus nicht. Mit der Irrelevanz dieser Welt wird radikal ernst gemacht (trotzdem sind z.B. Sprachwissenschaft und Mathematik hoch entwickelt worden).

Von Haus aus kannte der Buddhismus auch nicht das Andachtsbild. Aber im Mahayana-Buddhismus steht schließlich das Buddha-Bild im Zentrum der Meditation, und die daseinsfeindlichen Mönche haben einige der schönsten Kunstwerke geschaffen, die es gibt. –

Ein mit der Welt des Buddhismus in nähere Berührung gekommener Teilnehmer bekennt, letztlich habe sie ihn doch erschreckt. Auch er versuche vieles, was für maßgeblich gilt, zumal unser Leistungsstreben, zu durchschauen. Aber er fühle sich fehl am Platz, wo man dem Menschen freundlich ansinne, auch den Wunsch und Willen, zu werden, was er ist, in sich zum Absterben zu bringen.

Und dem allbeherrschenden Wunsch, Erlösung vom Leiden zu erlangen, bleibt der christliche Vorschlag entgegenzuhalten, das Leiden mit zähem Vertrauen auf einen möglichen Sinn und jedenfalls zu seinem Urheber zu ertragen und es nötigenfalls zu wählen. Ein Teilnehmer erinnert an die Schlußverse von Hölderlins Gedicht „Die Heimat“:

> Drum bleibe dies. Ein Sohn der Erde
> schein ich: zu lieben gemacht, zu leiden. –

Da der Unterschied zwischen einer Religion, die Erlösung vom Leiden, und der unsrigen, die Erlösung von Schuld verheißt, als durchgreifend empfunden wird, bleibt die Frage, ob der Christ dennoch vom Buddhismus lernen könne. Sie wird bejaht. Das Heraustreten aus dieser Welt, die Loslösung von ihren Wichtigkeiten, das Gewinnen von Distanz, zumal auch von der eigenen Leistung, das ist bei den Zen-Meditationen zu lernen. Es werden Theologen genannt, die es dort gelernt haben und dann, freier geworden und mit konzentrierter Energie, in ihre abendländische Arbeit und Lebensform zurückgekehrt sind. Die Hälfte des buddhistischen Wegs kann der Christ mitgehen. Die Tendenz zu Weltüberwindung wirkt im Buddhismus mit besonderer Kraft. Wenn eine Methode das leistet, kann der Christ es wagen, eine Einladung seines Gottes auch in ihr zu erkennen.

# Zeittafel

*vor Christus*

| | |
|---|---|
| etwa 560–480 | Der Buddha |
| etwa 480 | Erstes (legendäres?) Konzil zu Rājagriha |
| etwa 380/370 | 2. Konzil in Vaiśālī |
| 324–187 | Dynastie der Maurya, vor allem Regierungszeit des Aśoka des Frommen (272–236) |
| 250 | 3. Konzil in Pāṭaliputra. – Missionstätigkeit in Ceylon |
| 35–32 | Schriftliche Festlegung des buddhistischen Pāli-Kanons auf Ceylon |

*nach Christus*

| | |
|---|---|
| 1. Jh. | Entstehung des Mahāyāna. – Buddhismus nach China |
| 2. Jh. | Regierungszeit des Kanishka. Werk des Mahāyāna-Dichters Aśvaghosha. |
| 3. Jh. | Älterer Buddhismus nach Kambodscha und Indonesien. |
| Mitte des 3. Jh. | Nāgārjuna, Gründer der Mittelweg-Schule (Mādhyamika) |
| Ende des 4./5. Jh. | Asanga, Gründer der Yogācāra-Schule |
| 5. Jh. | Älterer Buddhismus nach Burma |
| etwa 522 | Buddhismus nach Japan |
| 7. Jh. | Mahāyāna in Burma; Älterer Buddhismus in Thailand (Siam) |
| 7. Jh. | Saraha, Lehrer des Tantrismus. Verfall des indischen Buddhismus |
| 8. Jh. | Tantrismus nach China. – Mahāyāna und Tantrismus in Indonesien. |
| etwa 750 | Tantrismus in Tibet |
| Ende des 8. Jh. | Mahāyāna nach Kambodscha |
| Mitte des 11. Jh. | Bekehrung von Burma zum Theravāda-Buddhismus (älteren B.) |
| Ende des 12. Jh. | Ende des indischen Buddhismus |
| 13. Jh. | Bekehrung von Thailand zum Theravāda-B. – Der tibetische Lamaismus in der Mongolei |
| 14. Jh. | Theravāda-B. in Kambodscha und Laos. – Reform des tibetischen Buddhismus und Bildung der „Gelben Kirche" |
| 15. Jh. | Bekehrung Indonesiens zum Islam |
| 16. Jh. | Bekehrung der Mongolei zum tibetischen Buddhismus |
| 1782 | 4. Konzil der Theravādin in Thailand |
| 1871 | 5. Konzil in Mandalay (Burma) |
| 1954 | 6. Konzil in Rangun (Burma) |

# Islam

Von Josef van Ess

Fremde Religionen haben für uns den Rang eines Kuriositätenkabinetts. Wir registrieren kopfschüttelnd merkwürdige Dinge und spüren gar nicht, wie nahe uns dies manchmal steht. Vielleicht ist es gut so; denn es brächte uns neue Probleme, und wir haben deren doch genug – allerdings seit langem schon nicht mehr auf dem Gebiet der Religion. Muslime, das sind für uns Menschen, die an Allah glauben statt an Gott, und wir merken kaum, daß wir hier statt zweier verschiedener Götter nur zwei verschiedene Sprachen vor uns haben: Allah ist kein Eigenname, sondern ist das arabische Wort für „Gott". Gelegentlich nennen wir sie auch Mohammedaner, so wie wir *uns* Christen nennen, und wundern uns dann, wenn sie sich dies verbitten und darin eine unzulässige Übersteigerung der Person ihres Propheten sehen. Ihr Gott und ihr Prophet sind uns unheimlich: ihr Gott, weil er so despotisch ist und den Menschen zu „fatalistischer" Ergebung verdammt; ihr Prophet, weil seine Botschaft „mit Feuer und Schwert" das Christentum in seiner Existenz bedrohte. Dabei stehen sie uns doch gerade mit diesem Gott und diesem Propheten nahe: die Hindus und die Buddhisten kennen keinen persönlichen Gott und keine Prophetie; Judentum, Christentum und Islam sind durch ihren Charakter als Offenbarungsreligion zusammengeschlossen. Aber diese Gemeinsamkeit hat sich kaum ausgewirkt: Erweckungsbewegungen der zwanziger Jahre oder der jüngsten Vergangenheit berauschten sich an indischer Weisheit und transzendentalem Joga, am Zen-Buddhismus oder, in ihrer ästhetisierenden Spielart, am Ikebana; von Islam oder Judentum war nie die Rede.

Daraus spricht wohl einmal mehr die verklärende Wirkung der Distanz; je näher einem die Dinge rücken und je weniger man diese Nähe zum Verständnis nützt, desto mehr wird man zum Dämonisieren neigen. Dämonisiert aber hat man beim Judentum wie beim Islam; beide Religionen waren über Jahrhunderte hinweg der intime Feind. Stärker ausgewirkt hat sich dies, wie wir alle wissen, bei der

Religion, die uns am nächsten stand: dem Judentum; hier aber spürt man heute auch stärker die innere Verwandtschaft. Mit den Juden lebte man zusammen, mit den Muslimen führte man Krieg; während man mit den ersteren nach Belieben umspringen konnte, mußte man mit den letzteren über Jahrhunderte hinweg auf gleicher Basis verhandeln. Und während man die ersteren nach langer Zeit aus dem schlechten Gewissen heraus achten lernte, stoßen die Muslime mit ihrer Religion noch heute auf überlegen-belustigte Antipathie. Kein Mensch käme auf die Idee, eine Woche der Brüderlichkeit für den Islam zu veranstalten; man dächte sofort an Arabersturm und Türkengefahr. Das ist mehr als ein Bonmot; das Ressentiment, das man vielerorts gegen den Islam hegt, wurzelt in der Tat in mittelalterlichen Klischees, über deren Ansatz wir uns keine Rechenschaft mehr ablegen.

Dies alles hat etwas zu tun mit der verschiedenen Zeitstellung der beiden Offenbarungsreligionen, mit denen wir das Christentum hier vergleichen: das Judentum war früher als Christus und historische Voraussetzung seiner Botschaft, der Islam aber später und Jahrhunderte hindurch ihre siegreiche Konkurrenz. Das Alte Testament wurde integriert, „überhöht", wie man zu sagen pflegt, als Vorstufe verstanden; der Koran bleibt draußen, scheint fast ein Rückfall ins Judentum, in dem die christliche Verkündigung nach 600jähriger Entfaltung sich zurückbiegt auf den bloßen Monotheismus, aufgesogen vom Absolutheitsanspruch des transzendenten Gottes. Dabei versteht der Islam sein Verhältnis zum Christentum ähnlich wie jenes sein Verhältnis zum Alten Testament: als „Überhöhung" und Vervollkommnung; in beiden Fällen wird chronologische Aufeinanderfolge als theologischer Fortschritt interpretiert. Jahrhunderte hindurch sah der Islam sich von der Geschichte bestätigt; erst mit der späteren Neuzeit hat sich das Bild gewandelt. Jahrhunderte hindurch lebte das Christentum zum Islam in Spannung und Existenzangst; erst seit dem 19. Jahrhundert hat sich statt dessen Überlegenheitsgefühl eingestellt. Beides, Existenzangst und Überlegenheitsgefühl, verstellt gleichermaßen den Blick; es genügt zur Bestätigung, die Abschnitte über islamische Geschichte in unseren Lehrbüchern für die Oberstufe der Gymnasien aufzuschlagen.

Der Erfolg hat den Islam von Anfang an begleitet: das Trauma, das die Emigration aus Mekka, die sogenannte Hidschra, dem Propheten Mohammed hätte zufügen können, löste sich sofort, als er in Medina seinen jungen Staat zu konsolidieren vermochte und schließlich auch die unwillige Vaterstadt zu unterwerfen verstand. Unmittelbar nach seinem Tod brechen seine Anhänger, nur zum Teil noch Nomaden, aber alle doch von nomadischem Beutegeist beseelt und nun von einer neuen Idee geeint, in die beiden Großreiche ein, deren Vasallen sie zum Teil gewesen waren, und zerstören sie in verhältnismäßig kurzer Zeit: die Byzantiner werden auf den Raum der heutigen Türkei zurückgedrängt; von den Sassaniden bleibt nur noch Erinnerung. Von Anfang an ist der Islam „von dieser Welt“: er war nicht, wie das Christentum oder der Manichäismus, in einen Staat hineingeboren, sondern hatte einen Staat begründet, und sein heiliges Buch gab die Gesetze dazu. Von vornherein hatte Religion hier Gelegenheit, ihre Umwelt zu formen; sie erfaßte den Menschen ganzheitlich, nicht nur in seiner Innerlichkeit. Denn der Prophet bedarf ihrer als Ordnungsfaktor; er muß neue Normen schaffen und stellt sie alle unter Gottes Gebot.

Das Christentum hat drei Jahrhunderte lang, bis zu Konstantin, unter dem Staat gelitten und sich auf sich selbst zurückziehen müssen; bis heute sind darum gewisse Bereiche des Lebens aus der Religion ausgeklammert: Handel, Wirtschaft, Recht usw. Niemand findet etwas dabei, wenn ein Unternehmer, obgleich Christ, sich in seinen Geschäftspraktiken hemdsärmelig benimmt; im Islam waren – und sind z.T. noch – Kaufverträge, Partnerschaften usw. durch das religiöse Gesetz geregelt. Christliche Politik steht immer unter dem Odium der Heuchelei; im Islam sind Staat und Religion von Anfang an eine Einheit. Für einen Christen bestätigt sich religiöse Haltung vor allem aus der inneren Erfahrung, dem „Gewissen“; je westlicher er ist und je gebildeter, desto mehr wird er seinen Glauben im „stillen Kämmerlein“ ansiedeln. Nach *außen* hin übt er seine Religion nur in bestimmten Bereichen: im guten Benehmen gegen andere Menschen, in moralischer Wohlanständigkeit, vielleicht auch in sozialer Tätigkeit und im Kirchgang am Sonntagmorgen; im übrigen jagt ihn die Furcht vor Verweltlichung und Augendienerei. Der Muslim dagegen redet nicht von Innerlichkeit; ein Gebet im stillen Kämmerlein kann nie das rituelle Gebet ersetzen und ist ihm darum auch zumeist gleichgültig. Ihn interessieren Kult und Gesetz, politische Theorie und religiöses Reglement des täglichen Lebens, und all dies ist für ihn Islam, bis hin zu Etikette und Hygiene. Für alles ist ihm Vorbild und Vorschrift gegeben; wenn der Koran nicht ausreicht, so ist da doch noch die sogenannte *Sunna:* Aussprüche und Handlungen des Propheten selber, der, zumindest im Glauben der frommen Überlieferung, an alle Probleme des Lebens gedacht und sie in ewig verbindlicher Norm geregelt hat. Im Urislam sind die Leitbilder für alle Zeiten gesetzt worden; noch heute blickt der Muslim mit Hochgefühl auf die Zeit der Frühe zurück. Historische Darstellungen von Mohammeds Leben oder der Zeit der ersten vier, der sogenannten „rechtgeleiteten" Kalifen, sind immer zugleich ein politisches oder moralisches Programm für die Gegenwart.

Allerdings sind diese Programme auch eben deswegen immer rückwärtsgewandt, variabel und progressiv nur insofern, als sich historische Rekonstruktion einer Zeit, die trotz aller Nähe doch schon im Dunkel der Geschichte liegt, mit den verschiedensten Tendenzen und Projektionen anreichern läßt. Genauso wie die Christen erlebt man die Malaise der Gegenwart, den Widerspruch zwischen göttlichem Gebot und menschlicher Wirklichkeit; aber während ein Christ die unchristliche Realität auf die Welt zu schieben vermag, auf den Bereich des Lebens, wo Religion nur durch den von ihr erfaßten Menschen einwirkt, nicht aber etwa durch ein göttliches Gesetz, da muß der Muslim eingestehen, daß Gottes Gebote mißachtet werden. Der Islam gibt keinen Raum für innere Emigration; wenn man auswandert aus der Gegenwart, so zurück in die Vergangenheit, hin zu jenem vorgeblich goldenen Zeitalter der Urgemeinde, als das ganze Leben sich nach dem Willen Gottes abspielte. Von da ab gibt es, so scheint damit, Fortschritt nur noch in der Dekadenz. Das Ideal ist nicht introspektiv, sondern retrospektiv.

Damit haben wir, in skizzenhafter historischer Begründung, dreierlei festgestellt:

1. der Islam ist eine Religion der Öffentlichkeit, nicht der Innerlichkeit;
2. er will Mensch und Welt integral erfassen und kennt darum keine Trennung zwischen Weltlichem und Geistlichem; und er sieht
3. dieses Ideal verwirklicht in der idealen Vergangenheit, kann darum Erneuerung nur als Rückkehr zu den großen und wunderbaren Anfängen verstehen. Dies sei nun im Einzelnen etwas näher ausgeführt.

### *1. Öffentlichkeit, nicht Innerlichkeit*

Islam, zu deutsch Hingabe, Ergebung in den Willen Gottes, verwirklicht sich zuerst im gemeinsamen Praktizieren der göttlichen Vorschriften, im äußeren Zeugnis und Bekenntnis. Zwar weiß man genau, daß Zugehörigkeit zur Gemeinschaft der Muslime und innerer Glaube zweierlei sind; aber über letzteren entscheidet erst Gott beim Jüngsten Gericht. Ein Muslim, der privatim zugibt, nicht mehr an den Islam zu glauben, ist damit nicht ausgeschlossen; Freidenker haben im mittelalterlichen Islam ihre Meinung erstaunlich unverschlüsselt sagen können, obgleich sie doch nie durch einen laizistischen Staat geschützt waren; nur der offene Glaubenswechsel, die Apostasie, wird juristisch erfaßt. Nicht Ortho*doxie* ist entscheidend, sondern Ortho*praxie:* daß man in gemeinsamer kultischer Verrichtung und in gemeinsamer Unterwerfung unter das gleiche Gesetz sich als Muslim erweist. Auch ein Muslim, der an der Existenz Gottes zweifelt, wird sich in muslimischer Umgebung immer noch als Muslim fühlen, viel mehr, als ein Christ in solcher Lage dies täte: bewußte Abkehr vom Islam wäre willentlicher Ausschluß aus der Gesellschaft, in der man lebt. Das erklärt, warum Beobachtungen an Muslimen in der Fremde, etwa an arabischen Studenten in deutschen Universitäten, meist in die Irre führen: Sie nehmen den Muslim isoliert, außerhalb seiner Gemeinschaft, und sie analysieren zudem sein Denken und nicht sein Tun; sie interpretieren ihn aus christlicher Sicht.

Das erklärt aber auch, warum Konversion von Muslimen so selten ist: sie ist keine bloße „Privatangelegenheit", ein rein persönlicher Glaubenswechsel, sondern macht den, der dies wagt, in ganz realem Sinne heimatlos, stößt ihn hinein ins soziale Proletariat oder setzt ihn direkter Lebensgefahr aus; Apostasie wird nach dem islamischen Gesetz mit dem Tode bestraft. Der Islam ist die einzige Religion, die keine Seelen an die benachbarten Hochreligionen abgegeben hat. Das Christentum hat im Laufe der Zeit fast alle seine orientalischen Gemeinden verloren und noch während der Türkenherrschaft auf dem Balkan große Einbußen hinnehmen müssen; der Islam dagegen hat die Kolonialherrschaft des 19. und 20. Jahrhunderts völlig intakt überstanden – und die Voraussetzungen waren in beiden Fällen annähernd die gleichen: kein direkter Zwang, sondern sozialer Druck, Angleichung an die Besatzungsmacht. Heute ist Islammission erst recht aussichtslos und, wenn man die Folgen für den Bekehrten bedenkt, auch unverantwortlich.

Der Muslim ist fasziniert vom *Handeln* des Menschen; hier beobachtet er ganz genau. Er wird auf diese Weise zu einem passionierten Juristen und Historiker – wobei er in beiden Fällen von Fakten, von Einzelkasus ausgeht, nicht von Ideen und theoretischer Deduktion. Er ist ein ungemein präziser Berichterstatter, und sein Faible für die Analyse menschlicher Verhaltensweisen hat ihn dazu geführt, die Soziologie zu entdecken: der Name des Ibn Chaldun ist seit einiger Zeit auch über die Kreise der Orientalisten hinaus bekannt geworden. Der Unterschied zwischen den beiden großen Konfessionen des Islams, der Sunna und der Schia, ist nicht dogmatischen, sondern politischen Charakters: Es geht um die Person des Kalifen, ob er zur engsten Nachkommenschaft des Propheten gehören soll oder durch Wahl aus der weiteren Familie bestimmt werden kann. Diese Spaltung geht auf den Urislam zurück; seitdem hat sich kein neues Schisma ereignet – dies wiederum im Gegensatz zu allen übrigen Weltreligionen. Theologische Differenzen hat es genug gegeben, aber sie sind immer von der gemeinsamen Praxis der Gemeinde überspielt worden.

Der Praxis und der Öffentlichkeit sind auch jene fünf Gebote zugeordnet, die als „Säulen" des Islams seit jeher besonders hervorgehoben werden: das Glaubensbekenntnis, das Gebet, das Fasten, die Armensteuer und die Pilgerfahrt. Das *Glaubensbekenntnis*, die sogenannte Schaháda, besteht nur aus einem einzigen zweigliedrigen Satz; in ihm bezeugt man, daß man sich der Gemeinde Mohammeds einfügt und mit ihr Gott als den Einen und Einzigen begreift. „Bin ich nicht euer Herr?", so hatte Gott die Nachkommen Adams in der Präexistenz gefragt (vgl. Sure 7, Vers 172), und mit ihrem Ja hatten sie den Islam von Ewigkeit her, gewissermaßen als natürliche Religion, angenommen; die Schaháda ist nur nachträgliche Bestätigung, Zeugnis für etwas bereits Vorhandenes. Das *Gebet* ist Gebet in der Gemeinschaft und in ewig gleicher Form, Liturgie und Kult; auch wenn man es zu Hause vollzieht, wird es „zelebriert". Individuelle Zwiesprache mit Gott hat erst die Mystik entdeckt; jene ist nicht vom Gesetz vorgeschrieben und kann darum das rituelle Gebet nur ergänzen, nicht aber ersetzen. Das *Fasten* ist wegen seiner ungewöhnlichen Rigorosität stark öffentlicher Kontrolle unterworfen: während des ganzen Monats Ramadán muß man sich von der Morgendämmerung bis zum Sonnenuntergang jeglicher Speise, auch des Trinkens, des Rauchens und des Geschlechtsverkehrs enthalten. Der erzieherische Charakter dieser *tour de force* ist seit jeher von den Muslimen stark betont worden; selbst heute, wo sich die volkswirtschaftlichen Nachteile immer stärker herausstellen, investiert man viel Stolz darin: Selbst laue Muslime fühlen sich veranlaßt, das Ramadán-Fasten um der Solidarität willen einzuhalten.

Die *Armensteuer* ist nichts anderes als sozial kanalisierte Wohltätigkeit: Nach dem Koran ist der Gläubige verpflichtet, von allen Teilen seines Vermögens einen gewissen Prozentsatz ihres Wertes, und zwar zwischen $2^1/_2$ und 10%, zugunsten der Armen und Bedürftigen abzugeben. Wohltätigkeit hat hier nichts mit dem Gewissen zu tun, sondern sie ist Gesetz. Natürlich steht es jedem frei, darüber hinaus freiwillige Almosen zu geben, und man hat dies sehr häufig, auch in Form religiöser Stiftungen, getan; aber der

Gefahr, daß das Gewissen der Reichen sich bei einer zu niedrigen Summe beruhigt, ist durch das Gesetz vorgebeugt. Der Islam wird nie Schwierigkeiten mit der Kirchensteuer haben; sie wird sozusagen vom lieben Gott selber erhoben. Interessant ist, daß sich, wiederum schon aufgrund des Korans, unter den Bedürftigen auch die Sklaven befinden, denen man mit dieser Steuer hilft, sich freizukaufen; die Freilassung eines Sklaven hat darüber hinaus immer als verdienstliches Werk gegolten und ist für manche Vergehen, etwa Totschlag oder Meineid, als Sühne vorgeschrieben.

Die *Pilgerfahrt* schließlich, aus vorislamischem Brauch übernommen, gewährt dem Muslim das Erlebnis weltweiter Solidarität. Man weiß sehr wohl, daß ein heidnischer Steinkult zugrunde liegt; aber ebensowenig wie einen Katholiken ähnliche Überlegungen an der Marienverehrung hindern, so einen Muslim hier: Man hat etwas übernommen, aber man hat es umgedeutet. Während des Hadschdsch tritt man ein in einen Zustand exzeptioneller Reinheit, ausgedrückt durch gewisse äußere Formen: durch besondere Tracht, durch Unterlassen des Waschens und des Haarschnitts usw.; man umschreitet in heiliger Prozession siebenmal die Kaʿba; und schließlich zieht man hinaus vor die Stadt nach ʿArafát, wo man von Mittag bis Sonnenuntergang verweilt, im „Stehen vor Gottes Angesicht", wie es heißt – aber nicht allein, als einzelner, sondern in der Gemeinschaft der Muslime. Hier, bei der Pilgerfahrt, scheint der Islam der Idee des Sakramentes, die er so sehr verwirft, am nächsten zu kommen.

## 2. *Keine Trennung von Weltlichem und Geistlichem*

Jenseits dieser fünf Grundgebote breitet sich nun das Netz der Einzelvorschriften, Regelung des Lebens in seiner Gesamtheit, Ordnung der Welt; der Islam ist im besten Sinne totalitär. Das bringt uns zum zweiten Punkt, dem Fehlen einer Trennung zwischen Weltlichem und Geistlichem. Es gibt im Islam keine Kirche, die dem Staat gegenüberträte; er ist eine Religion ohne Klerus, ohne geistliche Weihen, ohne einen unfehlbaren Leiter, ohne Konzilien. Er hat nur ein Buch, den Koran, und in ihm sind Religion und Staat gleichermaßen und als Einheit grundgelegt. Seinen Status hat man den einer „egalitären Laientheokratie" genannt: egalitär, weil vor dem Gesetz jeder gleich ist und niemand als Stellvertreter Gottes auf Erden hervorgehoben wäre; Laientheokratie, weil sich die Gesellschaft auf ein göttliches Gesetz gründet, das aber nicht von einem Priesterstand verwaltet wird. Statt der Priester gibt es

Gelehrte, Juristen, die das geoffenbarte Gesetz auslegen; man hat Hochachtung vor ihrem Wissen – in viel höherem Maße, als wir dies bei uns noch kennen –, aber sie sind nicht durch eine Weihe aus der Gemeinschaft herausgehoben oder gar unfehlbar. Der Kalif ist nicht Stellvertreter Gottes, sondern Nachfolger des Propheten, und zwar in dessen Herrscherfunktion, nicht in seiner Offenbarungsfunktion; er hat den Auftrag, dem geoffenbarten Gesetz Geltung zu verschaffen, aber er hat keine geistliche Macht. Lücken der Offenbarung werden geschlossen durch den Consensus der Rechtsgelehrten (nicht etwa der Theologen), den man nachträglich konstatiert; soziale oder juristische Entwicklungen, die im Koran noch nicht vorausgesehen waren, lassen sich damit sanktionieren. Dieser Consens wird so zu einem Instrument der Anpassung, u. U. sogar des Fortschritts; aber gleichzeitig wird den Juristen, den sogenannten ʿulamāʾ, eine große Macht in die Hände gespielt – sie sind die *eigentlichen* Nachfolger des Propheten. Noch heute hat die Azhar, die Juristenuniversität in Kairo, der in der Neuzeit diese Funktion zugefallen ist, beherrschenden Einfluß auf die Seelen der Gläubigen; die Religion leuchtet in jeden Winkel. Bis in die neueste Zeit ist es ihr gelungen, alle Reservate aufzusaugen; da war kein Platz für einen autonomen Staat oder ein autonomes Individuum. Das mag erklären, warum der Islam, obwohl er in seinen ersten Jahrhunderten so etwas wie einen Humanismus gekannt hat und das Erbe der Antike in seiner Fülle übernahm, doch schließlich keine Renaissance erlebt hat; eine freie ausgegrenzte Geistigkeit wie in den Stadtstaaten Italiens hat es im Bereich des Islam nur in ganz wenigen Augenblikken, und da ohne Zukunft, gegeben*.

Der ganzheitlichen Erfassung der Welt entspricht ein ganzheitliches Verständnis des Menschen; ebensowenig wie es einen Gegensatz zwischen Weltlichem und Geistlichem gibt, gibt es einen solchen zwischen Leib und Seele. Der Leib ist ein unveräußerlicher und gleichwertiger Teil des Menschen; die Seele ist nicht unsterblich, sie geht mit ihm im Tode zugrunde und ersteht zusammen mit ihm wieder auf. Manche Theologen sind sozusagen ganz ohne sie ausgekommen; sie sahen sie im bloßen Zusammenwirken der Kräfte des gesunden Körpers verwirklicht. Das ist das monistische Menschenbild, wie es uns im Alten Testament und in der Lehre Jesu gegenübertritt; dualistische Vorstellungen, wie sie aus dem Platonismus an das Christentum herangetragen wurden, hat der Islam im allge-

---

* Allerdings wird man bei einem solch komplexen Problem immer betonen müssen, daß mit monokausalen Erklärungen wie dieser nicht alles gelöst ist.

meinen abgelehnt. Eine Verteufelung des Leibes ist danach undenkbar; selbst bei den Asketen und Mystikern ist kaum je von Zölibat die Rede. „Es gibt keine Möncherei im Islam", so soll der Prophet gesagt haben; man mochte die Familie als Last auf dem Wege zu Gott empfinden, aber man kam nicht auf die Idee, sich von ihr zu trennen. Das Problem der Sexualität scheint dem Islam unbekannt – und sicherlich nicht nur, weil er die Mehrehe gestattet. Es gibt da keine Tabubezirke in der Sprache: naturalia non sunt turpia.

Auch das Paradies erlebt der Muslim darum mit Leib und Seele; und der Leib ist nicht nur zum Singen da wie bei den Christen. Als man einem Muslim das christliche Paradies beschrieb, ohne Essen und Trinken und ohne Paradiesesjungfrauen, da soll er geantwortet haben: „Ach, was ist das doch für eine traurige Angelegenheit!" Und er hat vielleicht so unrecht nicht: die Paradiesesjungfrauen haben zumindest den Effekt, daß er das Paradies herbeisehnt; den Christen, der das Paradies um des Paradieses willen liebt, wird man wohl suchen müssen. Beide allerdings, Christen und Muslime, erwarten mehr als dies: die visio beatifica, die Schau Gottes. Und hier zeigt sich der Mangel der sinnlichen Paradiesesvorstellung: für den Muslim ist diese Schau nur intermittierend, an das momentane Erscheinen Gottes geknüpft, wie auf einer Bühne, wo sich ab und zu der Vorhang hebt; sie ist zudem nur spektakulär, sie wirkt nicht transformierend und beseligend, wie das Christentum sie sich vorstellt. Der Muslim hat, wenn man so sagen darf, nicht soviel Zeit für sie.

Daß in diese Konzeption die Erbsünde oder die Verderbtheit der Menschennatur nicht hineinpaßt, versteht sich von selber: der Islam kennt die Sünden, aber nur das Christentum kennt die Sünde, die in die Welt gekommen ist. Das Menschenbild des Islam ist viel optimistischer, und die Muslime sind stolz darauf; das Christentum scheint ihnen weltverneinend und asketisch. Ein heiler Mensch aber braucht keinen Erlöser; er wird aus sich selber mit seinen Schwächen fertig. Der Fall Adams hat keine metaphysischen Konsequenzen; Mohammed ist Heilsbringer nur im Sinne der Information, nicht im Sinne eines Loskaufs von der Sünde. Die Passion wird da zum Skandalon; die Propheten leiden dadurch, daß sie von ihrer Gemeinde zurückgestoßen werden, so wie auch Mohammed selber von den Mekkanern abgewiesen wurde; aber am Ende triumphieren sie alle, wie auch Mohammed noch zu seinen Lebzeiten triumphierte, als er Mekka eroberte. Ein Leiden bis zum Tode ist ohne Erlösung sinnlos: Nicht Jesus wurde gekreuzigt, sondern ein anderer an seiner statt, vielleicht Judas, und er „erschien" den Zeugen der Kreuzigung „ähnlich" (Sure 4, Vers 157). Mohammed übernimmt diese doketistische These aus den Kreisen christlicher Sekten und der Gnosis. Islam ist eine Welt ohne Sinn für Tragik, und der Tod Christi wäre tragisch für jemanden, der nicht an seine Auferstehung glaubt.

Das Böse hat hier viel von seinem Gewicht verloren: Der Mensch ist gut, „Stellvertreter Gottes", wie man aus einer Koranstelle heraushörte. Der Satan hat keine Macht, solange der Mensch sie ihm nicht gibt; er ist nicht Gegenspieler, drohende Wirklichkeit wie bei Bernanos, sondern einbezogen in den Heilsplan Gottes. Die Mystik konnte ihn gar umdeuten zum Vorbild aller Heiligen, dem Gottverehrer *par excellence:* Nach dem Bericht des Korans weigert er sich, auf Befehl Gottes vor Adam, dem bevorzugten Geschöpfe Gottes, niederzufallen; dies aber ist, bei Licht besehen, nicht Ausdruck seines Stolzes, sondern seines konsequenten Monotheismus – nur Gott gebührt der Fußfall, nicht seinem Geschöpf. Diese Exegese ist natürlich nur möglich, weil eine Legende aus christlichen Pseudepigraphen in den Koran Aufnahme fand, die zu ihr herausforderte; aber sie zeigt doch, daß im Bewußtsein der Muslime der Satan sozusagen noch frei verfügbar war, daß mit seiner Umdeutung die Begründung für die Existenz des Bösen nicht zusammenbrach. Die Widerspenstigkeit Satans ist zwar Auflehnung gegen Gottes Gebot; aber sie gehorcht gleichzeitig doch in übergeordnetem Sinne dem göttlichen Willen, der jede Idolatrie, auch – und erst recht – die Verehrung des Menschen, verbietet.

Nun ist diese Mystik nicht unbedingt repräsentativ für den Islam schlechthin. Aber auch sonst ist das Böse in den Plan Gottes einbezogen, stärker vielleicht als im Christentum. Der Islam steht im Rufe, die Prädestination zu vertreten; Leute, die es mit den Begriffen nicht allzu genau nehmen, reden sogar von Fatalismus, und magische Vokabel ist das Wort „Kismet", das man meist vermutlich aus Karl May bezieht – in islamischen Quellen taucht es nie auf. Das Problem des Ursprungs der Sünde, verstanden als Konflikt zwischen göttlicher Allmacht und menschlichem freiem Willen, hat den Islam seit dem ersten Jahrhundert seines Bestehens beschäftigt. Die Schrift selber ist noch unentschieden; Mohammed hat das theologische Problem nicht gesehen: Die Halsstarrigkeit seiner Gegner, vor allem der Juden in Medina, die seine Botschaft nicht akzeptierten, konnte er nur als Vorherbestimmung deuten; zur Umkehr mußte er dagegen freien Willen voraussetzen. Eines allerdings wird deutlich: Den Glauben an das blinde Walten eines unpersönlichen Geschicks, wie seine heidnischen Zeitgenossen ihn vertraten und wie er uns aus der vorislamischen Dichtung entgegentritt, konnte er nicht nachvollziehen. An die Stelle des beduinischen Fatalismus, in dem sich die Erfahrung des Nomaden von seiner totalen Abhängigkeit gegenüber der Natur spiegelt, setzt er den Glauben an den gütigen Gott, der sich um jeden einzelnen persönlich kümmert. Jedoch war der Schicksalsglaube zu tief verwurzelt, um damit ein für allemal aus der Welt geschafft zu sein. Vielmehr wird nun von den frühen Muslimen, vor allem von den Nichttheologen, *Gott* als Herr des Schicksals gesehen; Fatalismus wandelte sich in Prädestination.

Die Theologen haben demgegenüber mit steigender Schärfe und Einseitigkeit auf die Verantwortung des Menschen und seinen freien Willen verwiesen; sie verknüpften dies mit dem Postulat einer natürlichen Moral, in der der Mensch kraft seines Verstandes schon weiß, was gut und was böse ist, und mit einer Lohnethik, in der Gott dem Menschen genau nach seinem Handeln Lohn und Strafe zumißt. Diese Richtung hat sich nicht durchgesetzt; auf die Dauer breitete sich der Eindruck aus, hier würden der Verfügungsgewalt Gottes zu viele Fesseln angelegt: Natürliche Moral bedeutet, daß Gut und Böse auch jenseits von Gott und ohne sein wertesetzendes Gebot ihren Sinn behalten, und Lohnethik setzt voraus, daß Gott sich nach dem Handeln des Menschen richtet und nicht mehr souverän mit seinen Geschöpfen verfahren darf. So kam es zu einem Kompromiß mit der Prädestinationslehre: Gott schafft und bestimmt alles, auch das Handeln des Menschen; aber der Mensch „eignet" sich dieses Handeln, das ohne Gottes Willen gar nicht zustande käme, „an" und wird damit für es verantwortlich. An jedem menschlichen Tun ist Gott beteiligt, insofern er in diesem Augenblick Kausalität im Menschen schafft; aber er schafft sie nicht als eigenen Akt, sondern für einen andern. Gutes und Böses sind damit unmittelbar vom Menschen gewollt und getan, aber eben nur aufgrund jener Befähigung, die er gerade in diesem Augenblick von Gott erhält; an ihrem Charakter ist Gott nur insofern beteiligt, als er das Gute fördert, beim Bösen dagegen den Menschen „alleine läßt". Dieses komplizierte synergistische Gleichgewicht, das wir in ähnlicher Form und mit gleichen Begriffen auch bei den christlichen Kirchenvätern finden, war natürlich immer in Gefahr, zur bloßen Prädestination verschoben zu werden, und im Volksglauben ist dies häufig genug geschehen. Dennoch reicht solche Vergröberung nicht aus, um einen Gegensatz zum Christentum zu konstruieren; die beiden Theologien haben das Problem im Grunde gleich gelöst, wobei nur der Islam, als die „semitischere" der beiden Religionen, auf seiten Gottes die Allmacht stärker hervorhebt, das Christentum dagegen, wohl in unbewußter Reverenz gegenüber dem antiken Erbe, die Weisheit.

Der westliche Stolz auf den freien Willen ist, soweit ich sehe, jung und im übrigen meist etwas naiv, weil er sich über die theologischen Konsequenzen kaum Rechenschaft ablegt. Jetzt, da die Zeit des autonomen Individuums sich ihrem Ende zuneigt und man sich allerorts der Verflechtung in Zwänge und Mechanismen bewußt wird, scheint der synergistische Kompromiß wieder verständlicher zu werden.

### *3. Rückwendung zur idealen Vergangenheit*

Natürlich wäre es absurd, jene passive Hinnahme des Geschehenen, die für den Muslim bis vor kurzem so charakteristisch schien, leugnen zu wollen. Nur ihre übliche Deutung soll hier bestritten werden. Der Prädestinationsglaube scheint nicht primär für sie verantwortlich; wo er in der Frühzeit auftritt, hat er politische und kulturelle Aktivität kaum behindert. Er wird dort meist positiv verstanden: als das Vertrauen in den gütigen Gott, der in persönlicher Sorge alles wieder gutmacht und dem man sich anheimgeben kann. Daß aus diesem Vertrauen Lethargie und Inaktivität werden, hat eher historische Gründe, und mit ihnen kommen wir zurück auf unseren dritten Punkt: das Bewußtsein der Muslime, daß sich das Ideal ihrer Gesellschaft in der Urgemeinde verwirklicht habe. Diese Lethargie nämlich scheint begrenzt auf bestimmte Zeiten, solche des politischen Niedergangs: die Epoche des Mongolensturms und vor allem die Ära des späten Osmanenreiches. Der Islam ist, wie ich schon sagte, keine Religion des „stillen Kämmerleins“; er ist immer gebunden an das Schicksal der Gemeinde. Wenn die Ungläubigen siegen, ist sein Ideal, das einer triumphierenden Gemeinschaft der Gläubigen, die die Welt nach ihren, d. h. den von Gott gegebenen Gesetzen ordnet, nicht mehr zu verwirklichen. Eine „Kirche unter dem Kreuz“ ist nicht in muslimische Begriffe zu transponieren: Nationale Unterdrückung ist zugleich auch religiöse Frustration. Daraus wächst Resignation: Gott muß es so gewollt haben; die Zeit des Propheten und der vier „rechtgeleiteten“ Kalifen kehrt nicht mehr zurück. Das *Geschichtsbild* wirkt lähmend, nicht die Religion; der Prädestinationsglaube als Massenphänomen ist nicht Ursache, sondern Wirkung. Das Christentum hat es in seinen ersten drei machtlosen Jahrhunderten gelernt, Utopien zu bauen, und auch später ist es gerne dem „Prinzip Hoffnung“ gefolgt. Der Islam hat von Anfang an Erfolg gehabt; seine eschatologische Phase, aus der Utopie hätte hervorbrechen können, wird bereits von Mohammed selber abgeschlossen, als er darangeht, in Medina ein Gemeinwesen zu gründen. Er ist damit von vornherein in den Realismus hineingedrängt worden: Diese Religion strebt nicht nach fernen Idealen, sondern sucht nach dem sinnvollen und geregelten Leben. Ihr geht es um die Gegenwart; sie hat es nicht gelernt, in die Zukunft hinauszugreifen. Und wenn die Gegenwart sich verdüstert, bleibt ihr nur Resignation, der Blick zurück in die große Vergangenheit. –

Aber eine Religion ist nicht ganz identisch mit ihrem geschichtlichen Vermächtnis; sie beruht auf der Botschaft ihres Stifters. Von diesem Stifter ist bis jetzt sehr wenig die Rede gewesen, einmal, weil in allen Religionen seine Intention, auch sie wieder historisch bedingt, unter dem formenden Druck späterer Ereignisse, vor allem des Schicksals der Urgemeinde, häufig andere Gestalt annimmt, zum andern aber, weil im Falle Mohammeds der Stifter tatsächlich hinter der Botschaft zurücktritt. Das Christentum verehrt eine Person, Christus, der Islam aber ein Buch, den Koran, und dieses Buch ist das Wort Gottes, nicht das Wort Mohammeds. Mohammed ist nur Sprachrohr für eine Offenbarung, die ekstatisch aus ihm hervorbricht; er ist kein Wundertäter, und er ist erst recht nicht Gottes Sohn. Während seines ganzen Lebens ist er nie müde geworden, seine menschlich-sündhafte Natur hervorzuheben; er *ist* nicht die Wahrheit, sondern er verkündet die Wahrheit. Durch unerklärliche Gnade ist er zum Boten erwählt; sonst aber ist nichts in seinem Wesen, das ihn über die Mitmenschen hinaushöbe. Seine Gegner haben Wunder von ihm verlangt und ihn verspottet, als er sie nicht tat; aber er hat sich gehütet, den Habitus der Wahrsager und Regenmacher, deren es viele auf der arabischen Halbinsel gab, anzunehmen. Er löscht sich aus hinter seiner Mission. Spätere Generationen haben sich damit nicht zufriedengegeben und ihm, schon um der christlichen Polemik auszuweichen, Sündenfreiheit und Wundergabe zugesprochen; er wird so schließlich, als eine Art Messias wider Willen, zum vollkommenen Menschen (ἄνθρωπος τέλειος), in dem sich der Kosmos spiegelt, und zum Fürsprecher für seine Gemeinde beim Jüngsten Gericht. Aber das verfälscht sein Bild; nach seinem Selbstverständnis ist ihm nichts Übernatürliches eigen. Übernatürlich ist nur das, was er verkündet, die Visionen und Vorschriften, die später zum Koran zusammengefaßt werden; der Koran ist das einzige Wunder. „Genügt es ihnen denn nicht“, so fragt Gott darin die Zweifler, „daß wir die Schrift auf dich herabsandten, damit sie ihnen verlesen wird?“ (Sure 29, Vers 51). Die Tatsache der Offenbarung allein bestätigt die Wahrheit von Mohammeds Mission; sie ist Beweis in sich selbst.

Das heißt aber, daß die Beweislast auf der sprachlichen Form liegt: Gott selber ist es, der redet, und er kann nur vollkommenes Arabisch reden. Dieser Gedanke wurzelt in der historischen Situation, wie Mohammed sie vorfand: Die Sprache war das einzige, was die Beduinenstämme der arabischen Halbinsel zusammenhielt. Zwar sprach jeder Stamm seinen eigenen Dialekt, aber die Dichter hatten aus diesen Dialekten eine besondere κοινή geformt, in der sie an den gemeinsamen Markttagen ihre Poesie rezitierten; im gemeinsamen Hören dieser Gedichte vollzog sich arabische Einheit. An diesem Sprachbewußtsein setzt Mohammed an: Seine Botschaft ist eine arabische Botschaft; ihren *Inhalt* empfindet er lange Zeit nicht als neu, aber ihre Sprache. Auch die christlichen Missionare und Mönche, die man in Arabien traf, besaßen ein heiliges Buch; aber es war in Syrisch geschrieben, erhaben zwar, aber fremd und unverständlich. Schon von daher war die neue Offenbarung der alten überlegen. Der Koran hat in manchem eine ähnliche Stellung wie die Lutherbibel: Er ist der erste Prosatext im Arabischen, als Sprachdokument schafft er neue Solidarität. Aber er ist nicht nur Übersetzung, er ist Gottes Wort selber: Gott spricht arabisch; es kann keinen vollkommeneren Stil geben als den des Korans. In viel höherem Maße als die Lutherbibel wirkt der Koran darum sprachschaffend: An ihm richtet sich bis heute die Sprachnorm aus; Grammatik und Rhetorik, im islamischen Raum bis zur letzten Finesse verfeinert, entwickeln aus ihm ihre Gesetze.

Auch hier liegt also, wie in der Geschichte, der Höhepunkt in der Vergangenheit; das Arabische ist wohl *die* Sprache, deren Stilideal am wenigsten sich über die Jahrhunderte hinweg gewandelt hat. Das führt zu einem Formalismus, zu dem wir, die wir den verborgenen Sakralcharakter nicht spüren, nur schwer einen Zugang finden; Dichtung ähnelt häufig der Goldschmiedearbeit, zerbrechlich und kostbar, aber manchmal ebenso steril und leer. Dem heutigen Muslim hat dies das Problem hinterlassen, wie er eine Hochsprache, die kaum jemand spricht, und die zahlreichen Dialekte, die er spricht, aber im Grunde verachtet, zusammenbringen soll; die Inkongruenzen der arabischen Einheit sind auch in der Sprache begründet. Und in der Theologie belastet ihn mehr und mehr das Dogma der Verbalinspiration: Manche Gebote des Korans, das Ramadánfasten etwa, sollten der Gegenwart angepaßt werden; aber da Gott selber sie ausspricht, so wie sie dastehen, bleibt der Interpretation nicht viel Raum. Andererseits würde die Aufgabe der Verbalinspiration an die Substanz des Islams rühren; denn nur im Koran tritt Gott dem Menschen unmittelbar gegenüber. Der Koran ist der einzige Mittler; wenn man ihm seine Unmittelbarkeit nimmt und etwa seine Ausdrucksweise aus dem Milieu des Propheten erklärt, ihn damit verfügbar macht und irdisch, dann läßt sich die Kluft zwischen Gott und Mensch wahrscheinlich nicht mehr überbrücken.

Denn diese Kluft ist ohnehin groß genug. Der Islam nimmt es mit der Transzendenz Gottes sehr ernst. Gott kommt nicht auf die Erde herab; er hat auch keine Personen. Gott ist der absolut Eine und als solcher der schlechthin Andere gegenüber der Vielheit des Irdischen. Dieser kompromißlose Monotheismus ist Kern und Stolz des Islams; Vielgötterei ist die einzige Todsünde, die der Koran kennt. Das erinnert an den Beginn des Dekalogs, und in der Tat ist die Tendenz in beiden Fällen die gleiche: Ebenso wie Israel gegen die Vielgötterei der Kanaaniter, so wendet sich Mohammed gegen den Polytheismus der mekkanischen Kaufmannsaristokratie. Und ebenso wie bei Israel ist die Versuchung, sich der Umwelt anzupassen, groß gewesen: für einen Augenblick hat der Prophet drei Göttinnen des mekkanischen Pantheon, Lát, ʿUzzā und Manát, als „Töchter“ Gottes anerkennen wollen. Bald darauf jedoch hat er diesen Kompromiß, der sich ihm als Offenbarung eröffnet hatte, wieder desavouiert; die „satanischen Verse“ wurden zurückgenommen. Unter diesem Schock ist sein Monotheismus nur um so intransigenter geworden.

Allerdings ist das Heidentum dann allmählich aus dem Gesichtskreis gerückt; seit der Hidschra waren die Mekkaner nur noch politische, nicht mehr ideologische Gegner. Der Akzent der Lehre wendet sich nun mehr und mehr gegen das Christentum; die Trinität, als Tritheismus gedeutet, wird zum entscheidenden Anstoß, ebenso die Inkarnation. Für Mohammed wie für alle späteren Muslime sind diese Dogmen nur sektiererische Entstellung der ursprünglichen Lehre Jesu; im Neuen Testament ist von der Trinität, wie muslimische Polemik seit jeher feststellte, sozusagen nicht die Rede, und auch die Stellen, die man für Jesu Gottessohnschaft ins Feld führte, ließen sich, wie man mit z.T. erstaunlicher Bibelkenntnis bewies, anders und rationaler erklären. Gerade die christlichen Kerndogmen gelten einem Muslim als nicht echt christlich, sondern als ein Werk späterer Zeit, des Paulus z.B. und der Konzilien. Der Islam transzendiert somit das Christentum nicht, indem er etwas hinzufügt, sondern indem er es von Verfälschungen reinigt. Er ist die wiederhergestellte Urreligion, so wie sie zum erstenmal von Abraham gepredigt wurde – in Mekka übrigens; Abraham ist nach islamischer Vorstellung der Gründer der Kaʿba. Alle späteren Propheten: Moses, Jesus und Mohammed, haben die Botschaft nur wiederaufgenommen und der Vergessenheit entrissen. Wieder ist, entsprechend dem islamischen Geschichtsbild, gut nur das Alte, Ursprüngliche; Entfaltung ist zugleich Überfremdung und Substanzverlust. Im einzelnen, etwa im Affekt gegen Paulus, in der Ablehnung der Konzilstheologie, ist manches Judenchristliche bewahrt; überraschend aber ist, wie leicht sich Ergebnisse der modernen Bibelkritik und Kirchengeschichte, zumindest wenn sie oberflächlich rezipiert werden, in dieses Bild einordnen lassen. Christliche Mission, die auf Trinität und Inkarnation zu sprechen kommt, kann nur entweder sich fundamentalistisch geben oder aber hoffen, daß ihre Adressaten über die theologische Entwicklung der letzten fünfzig Jahre nicht informiert sind.

Strafe für die Verfälschung der Lehre Jesu ist, so sieht es der Muslim, die Kompliziertheit der christlichen Theologie; er weidet sich gern am Gestammel eines Christen, den er dazu verleitet hat, ihm die Trinität zu erklären. Wenn man ihm von Mysterien redet, empfindet er dies als Flucht; es gibt keine Mysterien in der Religion, alles ist rational und klar – der Muslim ist der geborene Scholastiker. Allerdings führt diese Ablehnung dessen, was ein Christ unter Mysterien versteht, nun dazu, daß Gott noch weiter in die Ferne rückt: Gott selber wird zum Geheimnis; islamische Theologie hat nie etwas über sein „Innenleben" auszusagen gewagt. Man erkennt ihn nur in seinem Wirken: je weiter er hinwegrückt, desto größer scheint seine Allmacht. Viel stärker als im Christentum war die Versuchung, Monotheismus nicht nur als die Lehre von Gott als dem Einen zu interpretieren, sondern auch als Lehre von Gott als dem Einzigen, neben dem alles andere seine Autonomie verliert. Das ist die Wurzel des Prädestinationsgedankens; das ist auch der Ausgangspunkt jener verbreiteten theologischen Lehre, daß es keine Naturgesetze geben dürfe, nur Gewohnheiten der göttlichen Allmacht, *coutume de Dieu*, mit Leibniz zu reden. Die Kausalität ist häufig von islamischen Denkern geleugnet worden, wohlbemerkt: als Gesetz, nicht als Wirklichkeit; die Thesen Humes sind Jahrhunderte zuvor in arabischen Schriften vorweggeahnt worden. Man hat häufig behauptet, daß sich hieraus das Unverständnis der Muslime für die moderne Technik erkläre; aber das ist mit Sicherheit ein Fehlschluß. Gerade für einen Naturwissenschaftler ist ein Naturgesetz ja nur eine extreme Wahrscheinlichkeit, eben das, was ein muslimischer Theologe mit der „Gewohnheit Gottes" meinte; und Humes Leugnung der Kausalität hat ja auch nicht die Entwicklung der Naturwissenschaft gehindert. Man wird sich nach anderen, vermutlich viel komplizierteren Antworten umsehen müssen.

Ein ferner Gott ist für einen Christen immer auch ein unpersönlicher Gott. Aber vielleicht denken wir da zu sehr an den Deismus der Aufklärung. Zwar leugnet der Islam, daß der Mensch zu Gott Kontakt aufnehmen kann: Es gibt keine Sakramente, keine Kultbilder, keine Kirchenmusik. Aber Gott kann doch, eben kraft seiner Allmacht, dem Menschen Barmherzigkeit und Gnade erweisen, und ein Muslim ist sich sehr dessen bewußt – viel mehr als ein Christ –, daß ihm solches auch widerfährt. Ar-Rahmán, der Barmherzige, ist der Gottesname, mit dem jede Sure beginnt; es ist zugleich der Name, den die ungläubigen Mekkaner nicht annehmen wollten. Zwar wird ein Muslim Gott nie „Vater" nennen; aber wir mißverstehen meist die Tendenz: es geht nicht darum, daß er sich von ihm nicht persönlich behütet fühlte oder er ihn nicht persönlich ansprechen könnte, sondern darum, daß er ihm keinen Sohn zuschreiben will; das Wort „Vater" ist für ihn zu sehr trinitarisch belastet. Entscheidender ist vielleicht, daß muslimische Theologen häufig dem Begriff der Liebe, sowohl der Liebe des Menschen zu Gott als auch der Gottes zu den Menschen, ausgewichen sind; noch heute wird vielen Muslimen dieses Wort zu affektbetont und darum für theologische Aussagen untauglich erscheinen. Aber der Koran benutzt die Vokabel doch recht häufig, und genutzt hat diese Ansätze die islamische Mystik, für die die Gottesliebe die höchste Stufe des Aufstiegs ist, gleichbedeutend mit dem Entwerden in Gott. Hier ist der Kontakt zu Gott vertieft bis zum Du, in dem das Ich sich völlig auflöst; und wenn wir bedenken, daß im späten Osmanenreich bis zum Zweiten Weltkrieg nahezu jeder einem mystischen Orden angehörte, dann wagen wir kaum noch zu behaupten, das Christentum sei eine Religion der Liebe, der Islam aber sei es nicht. Natürlich hat die Mystik sich gerade deswegen so stark ausgebreitet, weil der offizielle Islam der Juristen und Theologen das Herz der Menschen vergaß; aber ihre Gedanken sind doch so sehr Allgemeingut geworden, daß man sie nicht mehr als peripher oder gar fremd abtun kann – ebensowenig wie wir Vokabeln Meister Eckarts ausschließen oder überhaupt noch als solche erkennen.

Die Gefahr des Islam ist zweifellos seine quisquilienhafte Hingabe an das äußere Detail, seine Neigung zu Ordnung und Gesetz; denn in ihm steht das Recht im Mittelpunkt. Die Gefahr des Christentums ist ebenso zweifellos die intellektuelle oder emotionale Verinnerlichung, das individualistische Nichtstun; denn in ihm steht die Theologie im Mittelpunkt. Die Stärke des Islams aber ist seine Sorge um den Menschen in der Welt, den er nimmt, wie er ist, ohne jede Abwertung und ohne jede Sublimation, und dessen wölfische Irrationalitäten er zu mäßigen versucht, wo immer sie auftreten. Der Muslim steht allein vor Gott, ohne jeden Mittler; aber nicht als Individuum, sondern als Glied seiner Gemeinde, und diese Gemeinde ist es, die ihn – *sit venia verbo* – „erlöst". Mag er noch so sehr sündigen, er wird nur zeitliche Höllenstrafe erleiden und am Ende ins Paradies eingehen. Er ist gerechtfertigt aus dem Bekenntnis, durch seine bloße Zugehörigkeit zur Kommunität der Muslime. Schon sein Zeugnis mit ihr und für sie ist Ergebung in den Willen Gottes, Islam.

## Literatur


*C. Cahen*, Islam I (Fischer Weltgeschichte Bd. 14), Frankfurt a. M. 1968.

*G. E. v. Grunebaum*, Islam II (Fischer Weltgeschichte Bd. 15), Frankfurt a. M. 1971.

*L. Gardet*, Islam, Köln 1968.

*G. E. v. Grunebaum*, Der Islam im Mittelalter, Zürich/Stuttgart 1963. Bibliothek des Morgenlandes (Artemis-Verlag).

*R. Paret*, Mohammed und der Koran (Urban-Bücher Bd. 32), Stuttgart 1957.

*P. Rondot*, Der Islam und die Mohammedaner von heute, Stuttgart 1963.

*W. C. Smith*, Der Islam in der Gegenwart (Fischer-Bücherei), Frankfurt a. M. 1963.

*T. Andrae*, Islamische Mystiker (Urban-Bücher Bd. 46), Stuttgart 1960.

*R. Hartmann*, Die Religion des Islam, Berlin 1944.

*W. M. Watt*, What is Islam?, London/Beirut 1968.

*R. Wielandt*, Offenbarung und Geschichte im Denken moderner Muslime, Wiesbaden 1971.

*Der Islam*, 1–3, in: Die Religionen der Menschheit, Bd. 25, 1–3; Stuttgart (Kohlhammer) 1980–1990.

*I. M. Lapidas*, A History of Islamic Societies; Cambridge 1988.

In unserer heutigen Perspektive erscheint der Islam vollständig mit bestimmten Volkstümern verwoben. Abgehoben von diesen, als Ideogramm, Psychogramm, werbender Glaubensgedanke und nachvollziehbare Existenzweise, können wir uns ihn, obschon er anderswo noch missioniert, nur mit Anstrengung klarmachen. Nur in solcher Abhebung haben aber die anderen Weisen, an Gott zu glauben, im Zusammenhang unseres Vorhabens, uns und andere über Religion und Religionen zu unterrichten, spezifischen Sinn.

So gesehen, zeigt sich etwa die Frage nach der Rolle der Frau im Islam als nicht ergiebig. Sie führt offenbar weit mehr auf ethnographische und entwicklungsgeschichtliche Bewandtnisse bei den islamischen Völkern als auf Wesenszüge, die zu dieser Weise der Gottesdeutung und Gottesverehrung notwendig gehören.

Ähnlich geht es mit der Frage nach dem Verhältnis zu Naturwissenschaft, Kausalität, Technik. Der Zusammenhang zwischen der Religion der beiden Testamente einerseits und der Aufrichtung unserer wissenschaftlich-technischen Welt andererseits ist auch nach den Studien insbesondere Weizsäckers kaum wirklich als notwendig durchschaut, auch wenn Hinweise wie „Entzauberung der Welt“, „Säkularisationsprozeß von allem Anfang an“, „Reflexions-Religion mit freudigem Zutrauen zur Rationalität“, vielleicht auch der Befehl an die ersten Menschen, sich die Erde untertan zu machen, einiges erhellen. Es läßt sich nicht einmal der Zweifel unterdrücken, ob es einen handfesten Zusammenhang zwischen christlichem Glauben und wissenschaftlich-technischer Welt wirklich gibt. Jedenfalls liegt zutage, daß der Islam des Mittelalters ein großartiges und vielseitiges, wenn auch vielleicht nur mäßig schöpferisches Verhältnis zur profanen Wissenschaft und ihrer Anwendung hatte. Daß dieser Impuls erlosch, läßt sich kaum mit einem Wesensbegriff des Islam, der ihn vom Christentum abhöbe, in Verbindung bringen.

Allerdings bleibt der hohe Begriff schon des Alten und vollends des Neuen Testaments vom Menschen, seiner Selbständigkeit Gott gegenüber, seiner Bewährung in der Gottverlassenheit, seiner Mitarbeit und Alleinarbeit eben überhaupt in jeder Hinsicht bedenkenswert. Im konsequent-erhabenen Monotheismus des Islam wird auf den Menschen keine vergleichbare Hoffnung gesetzt. Die Trinitätslehre, in der diese Hoffnung den entscheidenden Ausdruck gefunden hat, erscheint dem Muslim greuelhaft. Da sie aber auch im heutigen Christentum nur als totes Lehrstück tradiert wird und das Verhältnis des heutigen Christen zu seiner zentralen Lehre praktisch auf das eines Muslim zu ihr hinausläuft, wird ihr ursprünglicher Sinn noch einmal klargestellt:

Um mit der Trinitätslehre wirklich etwas anfangen zu können, sollte man sie sich wieder in der gleichen Weise von Grund auf aufbauen, wie dies die frühe Christenheit getan hat. Heinrich Buhr hat den Bund 1949 mit derjenigen Formulierung bekannt gemacht, die diesen Vorgang des Zusammenbauens kurz und schön zu erkennen gibt, mit Augustins Formulierung: ter dixi deus: dreimal habe ich etwas Gott *genannt*. Das Prädikat Gott wurde dreimal vergeben, hat sich dreimal aufgedrängt. Man kann auch sagen: in drei Richtungen wurde das absolut Verbindliche erblickt. Ein erstes Mal in der Richtung, in der das Alte Testament gesehen hatte und auf irgendeine Weise alle Völker. Ein zweites Mal in der Richtung des Mannes aus Nazareth, der gestorben, aber mystisch gegenwärtig geblieben war. Und ein drittes Mal in der Richtung des seltsam Sächlichen, „Wehenden", das empirisch kommt und geht. Im griechischen Glaubensbekenntnis ist der Geist grammatisch ein Neutrum. Auch die Rangbezeichnung „Herr" steht, in ein Adjektiv umgehört, im Neutrum. Die Vorstellung von einer „Person" war kaum angedeutet, das betreffende Wort besagt nicht viel mehr als: Träger. – Die Trinität bekennen heißt: was ich in diesen drei Richtungen sehe, höre, vernehme, das erkenne ich an als gleichen Ranges, erkenne ich als gleichen Wesens. Der Nachvollzug ist auch den Menschen heute anzusinnen.

Es bleibt zweifelhaft, ob es ein Dokument gibt, laut dem jemals mit einem nachdenklichen Muslim in diesem Sinn über die Trinitätslehre christlicherseits gesprochen wurde.

Klar zu zeigen scheint der vom Islam geprägte Menschentyp, daß man keine Konzeption von Kindern Gottes und einem Gottessohn zu haben braucht und daß man durchaus „vergessen" kann, „daß wir Gott verwandt", um doch mit gläubiger Würde durchs Leben zu gehen. Freilich sind diese Menschen auch nichts von einer Erbsünde gelehrt worden und dürfen unbefangen glauben, daß der Mensch von Natur gut ist.*

Da der Islam als eine Religion vorgestellt wurde, nach der das Heil durch Orthopraxie, nicht Orthodoxie, durch das richtige Verhalten in der Öffentlichkeit, nicht durch die richtige Hinwendung in der Innerlichkeit erlangt wird, findet der Hinweis des Referenten auf die – dennoch – reich ausgebildete und in einer populären Form weitverbreitete Mystik besonderes Interesse. Demgegenüber spielt die Mystik, also die unmittelbare Gotterfahrung, oder gar die Anleitung dazu im katholischen Christentum eine Winkelrolle, im deutschen Protestantismus die Rolle des schlechthin Verdächtigen („Erfahrungstheologie" als Bezeichnung einer greuelhaften Anmaßung). Vielleicht wäre hier vom Islam zu lernen.

Auf die hohe islamische Mystik des Mittelalters hat der Holländische Katechismus neu aufmerksam gemacht. Was dort über den Mystiker al-Halladsch zu lesen ist, erscheint dem Referenten zwar noch etwas zurechtrükkungsbedürftig. Aber er bestreitet nicht den Rang jener unmittelbaren Ergriffenheit, in der sich ein islamischer Mensch vermöge der Kraft des Leidens mit seinem Gott identifizierte: „Ich bin die Wahrheit/der persönliche und lebendige Zeuge Gottes/ich bin der, den ich liebe." Es wird berichtet, al-Halladsch, der seine Erfahrung und deren Mitteilung mit dem Tod besiegelte, habe für seinen Henker gebetet.

* Vgl. zur Erbsünde S. 119f.

# Zeittafel

| | |
|---|---|
| um 570 | Geburt Mohammeds |
| um 613 | Beginn von Mohammeds Sendung |
| 622 | Emigration Mohammeds nach Medina (Hidschra) |
| 630 | Eroberung von Mekka |
| 632 | Tod Mohammeds |
| 632 bis 661 | Die vier „rechtgeleiteten" Kalifen (Abu Bakr, Omar, Othmán und Ali) |
| 635 | Eroberung von Damaskus |
| 638 | Eroberung Jerusalems |
| 639 bis 642 | Eroberung Ägyptens und Persiens. Anfang der Eroberung Nordafrikas |
| 661 bis 750 | Das umaiyadische Kalifat |
| 711 bis 714 | Eroberung Spaniens. Überquerung des Jaxartes (heute: Syr-Darya). Einfall in das Industal. |
| 732 | Schlacht von Poitiers |
| 750 bis 1258 | Das abbasidische Kalifat |
| 756 | Die Umaiyaden in Spanien |
| 762 | Gründung von Bagdád |
| 786 bis 809 | Herrschaft des abbasidischen Kalifen Harún ar-Raschíd in Bagdád |
| 909 | Fatimidisches Kalifat in Nordafrika |
| 929 | Der spanische Umaiyade Abd ar-Rahmán III. nimmt den Kalifentitel an |
| 973 bis 1171 | Die Fatimiden in Ägypten |
| 1096 bis 1099 | Erster Kreuzzug |
| 1099 | Die Kreuzfahrer erobern Jerusalem |
| 1187 | Rückeroberung Jerusalems durch Saladin |
| 1212 | Schlacht von Las Navas de Tolosa; Beginn des Niedergangs der islamischen Herrschaft auf der iberischen Halbinsel |
| 1258 | Eroberung Bagdáds durch die Mongolen. Ende des abbasidischen Kalifats |
| 1453 | Ende des byzantinischen Reiches; Konstantinopel wird von den Osmanen erobert. |
| 1492 | Fall des Königreiches von Granada. Ende der islamischen Herrschaft in Spanien. |
| 1798 | Napoleon in Ägypten. Erste Kontakte mit europäischer Wissenschaft. |
| Zweite Hälfte des 19. Jh. | Schwächung des Osmanenreiches; Gründung von Kolonien und Protektoraten auf islamischem Gebiet (Indien, Ägypten, Nordafrika). |
| 1917 | Balfour Declaration: England verspricht während des Weltkrieges den Menschen jüdischen Glaubens eine „nationale Heimstätte" in Palästina. |
| 1948 | Gründung des Staates Israel. |
| seit 1967 | Ostjerusalem und Westufer des Jordanlandes unter israelischer Besatzung. |
| 1978 | „Islamische Revolution" in Iran. |

# Judentum

Von Arnold M. Goldberg

Wer heute darangeht, das Judentum zu beschreiben, steht vor einer ähnlich schwierigen Aufgabe wie der, der *das* Christentum beschreiben soll. In die Geschichte zurückblickend, muß er daran denken, wie viele Veränderungen das Judentum durchmachte und wie vielfältige Gesichter dieses Judentum hatte, selbst in der Zeit, als noch alle Juden wenigstens im Bereich der religiösen Praxis, der Halacha, durch gleiches Tun in allen Dingen eine Einheit waren. Seit dem Beginn des Reformjudentums im 19. Jahrhundert und des allgemeinen religiösen Verfalls im 20. Jahrhundert hat auch die religiöse Praxis aufgehört, das einigende Band zu sein. Es gibt ein sogenanntes traditionelles Judentum, in dem noch voll in der jüdischen Tradition gelebt und geglaubt wird, es gibt ein konservatives Judentum, nicht ganz so streng, es gibt ein liberales Judentum, und es gibt ein Reformjudentum, das in seinen theologischen Auffassungen dem protestantischen Christentum, an dem es sich gebildet hat, nähersteht als etwa dem rabbinischen Judentum der Antike.

Wenn ich es trotzdem unternehme, vom Judentum allgemein zu sprechen, dann orientiere ich mich am rabbinischen Judentum der Antike, also an jener Epoche, in der das Judentum geistig seine, wie mir scheint, endgültige Gestalt erhielt. Ich versuche dabei, einige der Grundzüge des Judentums herauszuarbeiten, die dem Judentum wesentlich sind und die eine gewisse allgemeine Gültigkeit haben.

Dabei zeigt sich immer wieder, daß es dem Christen ganz unmöglich ist, sich auch nur oberflächlich mit dem Judentum zu befassen, ohne darin die Wurzel seines Christentums wiederzufinden. Man sollte gerade im Hinblick auf den Religionsunterricht dieses Wiederfinden der Wurzeln in seiner Bedeutung nicht unterschätzen. Es geht dabei um mehr als um die Aneignung einer religionswissenschaftlichen Erkenntnis. Das Wiederfinden dieser Wurzeln kann durchaus zu einer existenziellen Einsicht werden, denn das Bild, mit welchem Paulus das Heidenchristentum zeichnet, das Bild vom

Pfröpfling, ist durchaus treffend.* Dieses einzusehen, einzusehen, daß die Wurzel den Pfröpfling wirklich trägt, kann für den, der vom wilden Ölbaum kommt, nie leicht sein, und die Einsicht erfordert eine geistliche Bescheidenheit, die dem Menschen von Natur aus nicht zu eigen ist.

Das Judentum, wie wir ihm heute begegnen, ist das Produkt einer langen, über dreitausendjährigen Geschichte. Viele kennen seine Anfänge aus der Schrift, aber dann verliert es sich bei den meisten in einem Zerrbild des Pharisäismus, wie es der christliche Religionsunterricht zumeist auch heute noch zeichnet; und vom Judentum der Gegenwart kennt man in der Regel nur etwas Brauchtum. Dennoch ist dem Christen keine Religion so nahe wie diese, und keine sollte ihm so einsichtig sein.

Aber ist Judentum überhaupt eine Religion im landläufigen Sinne, eine Weltanschauung, ein System von Glaubenssätzen und Praktiken oder wie immer wir religiöse Phänomene zu erfassen suchen? Gewiß, es gab im 19. und auch in unserem Jahrhundert Versuche, das Judentum zu konfessionalisieren, es zu einer Religionsgemeinschaft zu machen, so wie es noch immer den Versuch gibt, es zu nationalisieren, d.h., es den Völkern gleichzutun. Beides ist eigentlich dem Judentum fremd.

Wir begreifen diese vielleicht einzigartige Erscheinung nur, wenn wir die Konstitution des Judentums weit in die Geschichte zurückverfolgen, und da finden wir zwei konstitutive Prinzipien, das Prinzip des Stammes und das Prinzip des Bundesvolkes.

Der Stamm, das ist die erwählte Nachkommenschaft Abrahams und Israels. Wer in den Stamm hineingeboren wird, der ist Israelit. Es ist dies also das natürliche Stammesvolk. Der Bund dagegen macht Israel erst zum Volk. Indem Israel den Bund mit Gott am Sinai schloß, wurde es zum Gottesvolk, das sich nach den Geboten der Offenbarung konstituiert. Ja der Bund fordert von Israel, ein Volk zu sein, damit es als solches den Willen Gottes tue und damit Gott in seiner Mitte gegenwärtig sein kann. Das heißt, daß der Bund das Volk konstituiert, und zwar zwangsläufig. Zwar nicht unabhängig vom Stamm, denn es ist der Stamm, der erst einmal den Bund schließt, aber der Stamm ist an sich kein Volk. Das hat zur Folge,

* Paulus sieht Römer 11 die Heidenchristen als Pfröpflinge vom wilden Ölbaum eingepflanzt in das Judentum, den guten Ölbaum, dessen Zweige (zur Zeit) ausgehauen sind. „Du, der du ein wilder Ölbaum warst, sollst wissen, daß du die Wurzel nicht trägst, sondern die Wurzel trägt dich.“ Das Bild stellt bekanntlich die Pfropfkunst auf den Kopf, was Paulus bewußt getan haben mag und was jedenfalls der Großartigkeit des Gleichnisses keinen Eintrag tut. – Red. Anm.

daß es aus dem Bundesvolk kein Zurück in ein anderes Volksein gibt. Israel ist Bundesvolk, oder es ist kein Volk, es hat keine andere Existenz. Von daher können wir die im modernen Judentum immer wieder gestellten, nie aber gelösten Fragen hinsichtlich der nationalen und der religiösen Existenz verstehen.

Aber das Judentum war deshalb niemals abgeschlossen. Es ist zwar nur bedingt eine universalistische Religion in dem Sinne wie etwa das Christentum, auch wenn es hierfür in der Antike Ansätze gab, aber es hat zu jeder Zeit Proselyten aufgenommen, sofern dies möglich war; in der Antike sogar in dem Maße, daß die Zahl der Proselyten die Nachkommen Abrahams um ein Vielfaches übertroffen haben mag.

Der Proselyt wird ein neues Glied des Stammes. Es ist zwar selbstverständlich, daß er kein Sohn Abrahams ist, er kann es so auch gar nicht werden, aber er tritt in den Bund ein, nimmt die Torah an. Damit verpflichtet er sich nicht nur zum Halten der Gebote – denn die Torah, das sind ja nicht nur die Gebote – oder zum Glauben an einen einzigen Gott, sondern er nimmt damit auch die Geschichte Israels an, die er nun glaubt. Zwar kann er nicht gut sagen: „Der Gott, der meine Väter aus Ägypten erlöst hat", denn seine Väter waren ja nicht dort, aber er glaubt, daß dieser Gott Israel aus Ägypten erlöst hat, und er macht die Geschichte Israels zur seinen, zu einer für sein Leben relevanten Geschichte, denn anders könnte er nicht Israelit werden. Er wird also ein Sohn Abrahams dem Geiste nach und durch den Glauben.

Judentum ist so vor allem anderen geglaubte Geschichte. Gott wird nicht abstrakt in Glaubenssätzen gelehrt und geglaubt, das taten die Religionsphilosophen, sondern in einem geschichtlichen Zusammenhang: der Gott, der die Welt geschaffen hat, der die Väter erwählte, der Israel erlöste. Nur die Verheißung, das von Gott noch nicht offenbar Gewirkte, ist noch nicht Geschichte geworden, wird aber als zukünftige Geschichte erhofft.

Dieses Verstehen Gottes und der Welt in einem geschichtlichen Zusammenhang mag uns Menschen des 20. Jahrhunderts relativ leichtfallen. Zu seiner Zeit, im 1. Jahrtausend vor Christus, war diese Weltsicht etwas völlig Neues. Das Denken des Mythos und damit verbunden der Kult als wiederholende Darstellung des Mythos wurde durchbrochen. Statt dessen wurde eine gerade Zeitlinie gesetzt, deren Markierungen unwiederholbare geschichtliche Ereignisse waren.

Deshalb hat das Judentum auch kein eigentliches Glaubensbekenntnis; der erste Versuch einer Formulierung wurde erst von Maimonides im 12. Jahrhundert n. Chr. unternommen. Heute sind diese dreizehn Artikel des Maimonides zwar Teil der Liturgie geworden, aber man kann kaum sagen, daß sie je überragende Bedeutung gewonnen haben. Sieht man von den wenigen verbindlichen Sätzen der Pharisäer ab, wie da sind: Einzigkeit Gottes, Offenbarung der Torah, Auferstehung der Toten, dann kennt das Judentum keine Dogmen. Es gibt kein Glaubensbekenntnis, keinen bestimmten Glaubensinhalt, der das besondere Wohlgefallen Gottes fände und der gleichsam das Symbolon zum ewigen Leben wäre. Der Glaube an den einzigen Gott ist gefordert, aber es ist kein abstrakter Glaube – erst die späteren jüdischen Religionsphilosophen lassen sich über das Wesen des einzigen Gottes aus. Was gefordert ist, ist *emuna*, gemeinhin als Glaube übersetzt, besser aber als Treue und Vertrauen, als Zuverlässigkeit zu verstehen. Man glaubt nicht, was Gott ist, sondern wie Gott ist und was er getan hat und wie er getan hat. Man vertraut seiner Gerechtigkeit und Leitung. Das ist allerdings kein Sich-Ergeben in ein von Gott gefügtes Schicksal, gar nicht, denn der Jude ist alleweil bereit, mit seinem Gott zu streiten, wie auch Jakob den Namen *Israel* erhielt, Gottesstreiter – aber immer nur in Treuen. (Denn der andere Streit, das ist der Hader, der eben nicht mehr aus dem Vertrauen, sondern aus dem Mißtrauen kommt). Aber nicht nur Vertrauen ist gefordert, sondern auch Liebe, Anhangen. Diese Liebe hat selbstverständlich sehr viele Aspekte. Aber sie ist vor allem eine Hingabe an Gott, ein Ganz-für-ihn-Dasein, so wie die Mischnah (Berakhoth IX, 5) den Satz Deut. 6, 5 erläutert: „Du sollst den Herrn deinen Gott lieben mit deinem ganzen Herzen – es sei nichts anderes in deinem Herzen, selbst mit dem bösen Trieb (d. h.: Der Mensch sage nicht, sofern ich Sünder bin, kann ich Gott nicht lieben); mit deiner ganzen Seele – auch wenn er dein Leben nimmt; mit deinem ganzen Vermögen – mit allem, was du besitzest, oder mit allem, was er dir zumißt".

Die Liebe der Mystiker, das Streben nach dem Einswerden mit Gott, kennt selbst die jüdische Mystik in diesem Sinne nicht. Man suchte die Gegenwart Gottes, und man kann sagen, der Jude bleibt im Angesicht Gottes stehen. Aber es gibt einen religiösen Eros, wie wir ihm ursprünglich bei den Propheten begegnen, bei Hosea z. B., der das Verhältnis Israels zu Gott mit den Bildern der bräutlichen Liebe zeichnet, oder später bei den Interpreten des Hohenliedes, die darin die Liebe Gottes zu Israel und die Liebe Israels zu Gott erkennen. In seinem Ursprung muß man diesen Eros auf dem Hintergrund der heidnischen Fruchtbarkeitskulte sehen, denen er entgegengesetzt wurde. (Die Bilder in Hoseas Polemik zielen ja immer auf die Liebe zum Baal, dem Eigentümer und Buhlen, im Gegensatz zum ISCH, dem Ehemann: „Alsdann, spricht der Herr, wirst du mich heißen ‚mein Mann', und wirst mich nicht mehr ‚mein Baal' heißen", Hosea 2,16.) Aus diesen Ansätzen erwächst dann aber eine, wie ich glaube, in der Religionsgeschichte einmalige Erscheinung, der geschichtliche Eros. Der Jude blickt, sofern er es tut, auf seine Geschichte zurück und sieht darin nicht nur seine, sondern auch Gottes Geschichte mit ihm. Es ist nicht immer nur ein Bild, wenn er diese Geschichte als das Auf und Ab im Zusammenleben zweier Liebender sieht, man kann es auch verbaliter so verstehen. Und es ist wirklich Geschichte, wie das verstanden wird, denn aus jedem Sich-Verlieren und Sich-Finden, aus jedem Aufstieg und Abstieg, aus jeder Katastrophe wächst etwas Neues, eine neue Erfahrung, und man erkennt Gott besser. Aber dieser geschichtliche Eros erlaubt kein Sich-Verlieren in Gott.

Die landläufige Vorstellung vom Gott der Juden, der in dem fernsten Himmel weit vom Menschen, meist zürnend, herrscht, die Vorstellung von einer absoluten Transzendenz Gottes, wie sie zuweilen auch bei den jüdischen Religionsphilosophen zu finden ist, ist falsch, wie schon dem bisher Gesagten zu entnehmen ist. Es gibt kein verbindliches Gottesbild – kein Dogma, das mehr aussagen würde als die Einzigkeit Gottes –, und so kann sich eigentlich jeder Jude seinen Gott denken, wie er will: der Kabbalist als ein *en soph*, ein „Endloses", ganz Jenseitiges, das dem menschlichen Denken nicht mehr zugänglich ist und das sich in Sphären bis in die untersten Tiefen des Kosmos emaniert – eine Gottesvorstellung, die eher neuplatonisch denn jüdisch ist –, der Merkawahmystiker denkt sich seinen Gott als ein Wesen, das im äußersten Himmel umgeben von zahllosen himmlischen Wesen thront, der Philosoph hat Gefallen am reinen Geist. Aber wenn wir vom rabbinischen Judentum sprechen, das besonders in der Gottesvorstellung der legitime Erbe des biblischen Judentums ist, dann müssen wir überhaupt die Frage nach Transzendenz oder Immanenz Gottes fallen lassen. Das sind philosophische Begriffe, die dem rabbinischen Judentum ganz fremd waren. Es kümmerte sich auch nicht allzusehr um die Anthropomorphismen, die bildhaften oder konkreten Vermenschlichungen Gottes, die sich so häufig in der Schrift finden. Gott wird eben unter Bildern dargestellt, oder er erscheint in verschiedener Gestalt, um sich dem Auge und dem Ohr faßbar zu machen.

Vielleicht trifft G. F. Moores Feststellung* zu, daß der Gott der

* Judaism in the First Centuries of the Christian Era I, 1962, S. 368f.

Rabbinen, und so vieler orthodoxer Juden heute noch, supramundan, über der Welt, aber nicht extramundan, außerhalb der Welt ist. Gewiß, die religiöse Spekulation der Antike kennt schon die Frage nach dem Gott vor der Schöpfung und dem Gott jenseits des kosmischen Raumes – aber die Rabbinen haben diese Spekulation indiziert, in weiser Einsicht, daß dieser Bereich dem menschlichen Denken nicht zugänglich ist und daß die Beschäftigung damit nur Verwirrung des Geistes zur Folge haben kann.

Für die Rabbinen jedenfalls war Gott so wenig außerhalb der Welt wie für das biblische Judentum. Vielmehr sucht er die Gemeinschaft der Menschen, er war in der Mitte Israels im Heiligtum real gegenwärtig. Diese Gegenwart Gottes, im Deuteronomium etwa noch mit dem „Wohnenlassen des Namens“ umschrieben, bezeichneten die Rabbinen mit dem Terminus *Schekhinah,* wörtlich die „Einwohnung“. Die Schekhinah, das ist Gott, wie er unter den Menschen im Heiligtum gegenwärtig ist. Die Schekhinah ist mit der Gottheit subjektsidentisch, d.h., die Schekhinah ist niemals ein von der Gottheit losgelöstes Subjekt; sie wird niemals angebetet, die Attribute Gottes werden niemals von der Schekhinah ausgesagt, nur als die sich-offenbarende tritt die Schekhinah selbständig handelnd auf. Gott bleibt in dieser Vorstellung ganz unverändert im Himmel, ja der im Himmel thronende Gott wird in manchen Fällen als Schekhinah bezeichnet, sei es, weil man ihn sich dort auch nur einwohnend vorstellte, sei es, weil man die Vorstellung vom Heiligtum wieder auf den Himmel übertrug. Der Ort der Schekhinah ist das Heiligtum, hier ist ihr Bereich. Aber die Schekhinah ist nicht kraft des Ortes im Heiligtum, sondern kraft der Gemeinde, nicht um des Ortes willen, sondern um der Menschen willen.

Von der Schekhinah ausgehend, nach Meinung der meisten gerade im Heiligtum, stellte man sich den Heiligen Geist vor, den Geist der Prophetie, und deshalb hört auch die Prophetie mit der Zerstörung des Heiligtums auf. Aber im Gegensatz zur Schekhinah ist der Heilige Geist keineswegs mit der Gottheit identisch, er hat überhaupt kein eigenes Wesen. In späteren Texten schließlich wird zwischen beiden kaum noch unterschieden – die Schekhinah saugt den Geist gleichsam wieder auf.

Im rabbinischen Judentum setzt sich dann die Auffassung durch, daß die Schekhinah Israel niemals verläßt. Nachdem das Heiligtum zerstört wurde, teilt sie das Exil Israels und hat wie Israel keinen Ort mehr. Zwar spricht man nie von einem Leiden der Schekhinah, aber die Vorstellungen reichen doch sehr nahe daran. Die Erlösung Israels geschieht daher nicht nur um Israels willen, sondern auch um der Schekhinah willen, Gott muß sich gleichsam auch selbst erlösen. So hat denn die Vorstellung von der Schekhinah auch in der Eschatologie einen zentralen Ort. Bei der letzten Erlösung wird die Schekhinah in der Mitte Israels offenbar werden oder so wie einst die Feuersäule in der Wüste Israel voranziehen und in Herrlichkeit nach Jerusalem zurückkehren. (Hier nimmt die Schekhinah den Ort des Erlösers ein, der Messias tritt als Erlösergestalt ganz zurück.)

Indessen aber ist die Schekhinah in Israel. Sie ist in jeder Betergemeinde gegenwärtig, sie ist inmitten der Richter und erleuchtet ihren Rechtsspruch, ja sie ist bei jedem einzelnen, der da lernt und betet. Gott also ist dem Juden nicht fern, er ist ihm sehr nahe, ja man kann sagen, es gibt eine Schicksalsgemeinschaft zwischen Gott und Israel, er entzieht sich seinem Volk nicht.

Das Judentum erkennt Gott als einen einzigen und kann daher nur einen einzigen Willen bei ihm annehmen. Wie aber ist Gott auf der einen Seite der allgütige Vater, der liebende und barmherzige, und auf der anderen Seite der strenge und gerechte Richter? Das rabbinische Judentum erklärt dies manchmal metaphorisch, manchmal die Metapher konkretisierend unter dem Bild der beiden *middoth*, wörtlich der Weisen oder Eigenschaften Gottes. So gibt es bei Gott die Weise der Barmherzigkeit und die Weise des strengen Rechtes, welche den beiden Gottesnamen, nämlich Jahwe und Elohim, zugeordnet werden. Nach der Weise des strengen Rechtes könnte der Mensch nicht bestehen, und so tritt die Weise des strengen Rechtes nur gegenüber dem vollkommenen Frevler in Kraft. Sonst aber wird die Welt nach der Weise der Barmherzigkeit geleitet und gerichtet.

Der Monotheismus ist von Anfang an in aller Strenge durchgeführt. Das Problem des Bösen und der Theodizee tritt dann auch in ziemlicher Schärfe auf, besonders nach der Begegnung mit dualistischen Systemen, sei es dem der Perser, sei es dem der Gnostiker, welche abgewehrt werden müssen. Die frühe rabbinische Theologie spricht es dann auch mit den Worten Jesaja (45,7) aus: „Der das Licht bildet und das Dunkel schafft, der Frieden macht und das Böse schafft."

Damit wird ein zweites, böses Prinzip ausgeschlossen. Sofern es Böses in der Welt gibt, das nicht vom Menschen ist, ist es von Gott, der es wenigstens zuläßt. Der Satan spielt daher im Judentum eine untergeordnete Rolle. Seine Herkunft wird in den verschiedenen Strömungen des frühen Judentums verschieden erklärt. Als gefallener Engel erscheint er eigentlich nur bei den Apokalyptikern und am Rande des rabbinischen Judentums. Im konventionellen rabbinischen Judentum ist er, wie es scheint, von jeher Ankläger, von Gott nicht gerade geschätzt, aber immerhin zugelassen um der Gerechtigkeit willen. Als Ankläger stellt er den Menschen in Frage, und so ist er der „Weise des strengen Rechtes" zugeordnet, ja in manchen Texten ist es schwer, die „Weise des strengen Rechtes" vom Ankläger zu unterscheiden. Wenn man genau darauf achtet, dann erkennt man bald, daß der Satan immer den Anspruch der Heiligkeit Gottes vertritt. Seine Frage heißt: Was ist das Menschlein, daß du sein gedenkest? (Ps. 8,5.) Der Mensch ist fehlbar, aufsässig, trügerisch – so sieht ihn der Satan. Und es kann dazu kommen, daß Gott dem Satan Gelegenheit gibt, den Menschen zu erproben. Dann geschieht das, was wir aus dem Buch Hiob kennen. Gerade im Buch Hiob ist der Satan kaum etwas anderes als der projizierte Zweifel Gottes am Menschen, wie dies von Riwka Schärf * sehr schön gezeigt wurde, und er ist nicht nur der Versucher des Menschen, sondern mehr noch der Versucher Gottes.

Dort, wo dem Satan stattgegeben wird, wo der Mensch versucht wird, kann es geschehen, daß ein Gerechter schuldlos leidet. Das Judentum hat dies von Anfang an erkannt. Ja ein jüdischer Dichter unserer Zeit, Beer-Hoffmann, spricht von einer Schuld Gottes in diesem Sinne, ohne daß man sagen könnte, daß er den Rahmen des Judentums damit aufsprengt. Aber wenn dieses Leiden auch schuldlos ist, es ist nicht sinnlos. Hiob wäre hier ein schlechtes Beispiel, aber die Opferung Isaaks, eine Versuchung des Menschen, die keine Erklärung findet, wurde im Judentum zum Prototyp versöhnenden und sühnenden Leidens. Sie geschieht gerade an dem zukünftigen Ort des Heiligtums, auf dem Zion. Das Leiden des Gerechten weckt das Mitleiden Gottes und schafft so Sühne, es deckt die Sünden der Gemeinschaft zu. So entstand etwa seit der Makkabäerzeit, die die ersten Glaubenszeugen hervorbrachte – auch die katholische Kirche verehrt diese sieben legendären makkabäischen Brüder –, so etwas wie eine Leidenstheologie, die das Leiden des Gerechten, aber auch das willig ertragene Leiden der Gemeinschaft zum stellvertretenden Leiden macht. Dem Christentum war es vorbehalten, diese Leidenstheologie zu einer letzten Konsequenz zu führen.

Diesem „monistischen" System muß auch das Menschenbild entsprechen. Der Mensch ist der Einheit Gottes gemäß als Einziger erschaffen. Daher sind alle Menschen in ihrem Wert gleich, ja im einzelnen Menschen ist die gesamte Menschheit enthalten, so wie sie aus einem Menschen wurde. Das rabbinische Judentum lehrt zwar,

* Die Gestalt des Satans im Alten Testament, Zürich 1948.

daß der Mensch aus Leib und Seele besteht, vermeidet aber sorgfältig die Zweiteilung, die Trennung zwischen beiden. Nur mit Leib und Seele, als Einheit, ist der Mensch vollständig, und so wird in der Auferstehung der vollständige Mensch wiederhergestellt. Erst in späteren philosophischen Erwägungen wird eine schärfere Differenzierung zwischen Leib, Seele, Geist vorgenommen, ohne daß aber die Einheit des Menschen aufgehoben würde.

Daß sich das rabbinische Judentum gegen die dualistischen Lehren der Gnosis stellen mußte, die das Fleisch vom Geist trennten, versteht sich beinahe von selbst. Der Mensch ist gut, so wie er von Gott geschaffen wurde, kein Fall des Geistes zwingt die Seele in das Gefängnis des Körpers. Aber das Judentum war und ist so wenig dogmatisiert, daß sich am Rande doch solche Meinungen entfalten konnten. Neben der vorherrschenden Vorstellung: Gott schafft jedem Körper seine Seele, finden sich auch Ansätze des Gedankens, daß die Gesamtheit der Seelen schon von Anfang an geschaffen ist. Eine wirkliche Präexistenz der Seelen als Geistwesen, welche die Seelen faktisch aus Gott herleiten müßte, hatte im rabbinischen Judentum keinen Platz. So ist die Seele denn auch kein reiner Geist, der in die Sphäre des Geistes zurückstrebt und nur unwillig das Joch des Fleisches trägt.

In gleicher Weise entspricht es dem „monistischen" Denken, daß die Fähigkeit zum Bösen nicht außerhalb des Menschen gesetzt wird – oder gar dem Fleisch zugeordnet ist –, sondern im Menschen selbst. Der Mensch ist mit zwei Trieben geschaffen, dem „guten Trieb" und dem „bösen Trieb". Über beide kann er frei entscheiden, aber sie sind Teile seiner selbst. Der „böse Trieb" ist nun nicht an sich böse – sonst wäre ja auch der Mensch von Anfang an dem Bösen ausgesetzt –, sondern er ist die Fähigkeit zum Bösen. Manche Rabbinen scheinen ihn mit den menschlichen Trieben überhaupt zu identifizieren, so daß sie sagen, dieser Trieb sei lebensnotwendig und erst seine Entartung führe zum Bösen. Auch hier wirkt sich die geringe Dogmatisierung des Judentums aus; erst dann, wenn die Grundlagen der Religion durch fremde Einflüsse gefährdet werden, beginnen die Meinungen in der Polemik zu erstarren.

Das Judentum kennt selbstverständlich den Sündenfall des ersten Menschen und auch die faktische Folge: Der Mensch verlor seine Unsterblichkeit. Aber es akzeptierte nie die Annahme einer Erbsünde, so als wäre der Mensch seit dieser Zeit in einem Zustand der Sünde und von sich aus nicht zum Guten fähig*. Auch über die Be-

---

* Vgl. zur Erbsünde S. 119f.

stimmung des Menschen gibt es divergierende Aussagen, je nachdem ob das Weltbild zur Anthropozentrik neigt, ob der Mensch im Mittelpunkt der Schöpfung steht, oder zur Theozentrik, die Gott zum Mittelpunkt der Schöpfung macht. Die Theozentriker sehen den Menschen eher im Dienste Gottes, die Anthropozentriker heben die Gemeinschaft des Menschen mit Gott hervor. Diese Meinung hat sich wohl am stärksten durchgesetzt: Der Mensch war dazu bestimmt, im Paradies im Angesicht Gottes, also in der Gemeinschaft mit Gott, ewig zu leben. Gott suchte die Gemeinschaft der Menschen, das war die Absicht der Schöpfung. Und da er diese Gemeinschaft nicht schaffen konnte, vollendet sich die Schöpfung erst in der Geschichte, nämlich in dem Maße, wie die Gemeinschaft mit Gott verwirklicht wird.

Zu dieser Gemeinschaft gehört aber auch die Königsherrschaft Gottes. Gott ist, sofern er es ist, König über die Menschen. Gewiß, das Königtum will hier nur als Bild verstanden sein, als Ausdruck der Herrschaft, aber es ist ein wirkliches Königtum, ein Reich.

Ist also die Menschheit ursprünglich dazu bestimmt, Gott in ihrer Mitte aufzunehmen, wie verhält es sich dann mit Israel? Welchen Ort hat Israel unter den Völkern? Israel ist das Volk, das unter der Menge der Völker die Königsherrschaft Gottes auf sich genommen hat, dazu wurde es erwählt, und dazu, daß Gott in seiner Mitte gegenwärtig sei. Die Frage, was mit den anderen Völkern sei, wird nach Zeit und Umständen jeweils verschieden beantwortet. Aber eines ist gewiß, im Hinblick auf Israel zählen sie nicht als Völker, Gott hat nur ein Volk, und sofern sie Gott als König über sich annehmen würden, wären sie Israel und sonst nichts anderes. Das bedeutet nicht, daß die Heiden außerhalb jeder Beziehung zu Gott stünden, sie sind „Söhne Noahs“ und sind durch den Bund Noahs Gott verbunden. Für sie gelten die noachidischen Gebote, die in der rabbinischen Interpretation sehr weit gefaßt werden: Verbot des Blutvergießens, des Götzendienstes, der Unzucht und des Raubes, Gebot der Rechtspflege. Die Einhaltung der noachidischen Gebote gereicht dem Heiden zur Rechtfertigung.

Man muß das Verhältnis des Judentums zur nichtjüdischen Welt unter zwei Aspekten sehen, dem der Eschatologie und dem der unmittelbaren Erfahrung. Die eschatologische Erwartung rechnet mit einem letzten Ansturm der Heidenvölker auf Jerusalem, in dem diese zuschanden werden. Hier sind die Heidenvölker die Feinde Gottes und so zwangsläufig eine massa perditionis – sie haben an der zukünftigen Welt keinen Teil. Die unmittelbare Erfahrung an der heidnischen Umwelt konnte in der Regel nur Haß hervorrufen, die Begegnung mit den heidnischen Kulten nur Verachtung – und diese Erfahrung entsprach dann ganz der Endzeiterwartung. Aber in Wirklichkeit war dem Gedanken der Erwählung niemals die Konsequenz inhärent, daß die Nichterwählten verworfen wären.

Gott also ist König in Israel. Und so versteht man dann das Judentum als ein Auf-sich-Nehmen des „Joches des Himmelreiches" oder des Königtums des Himmels. Im engsten Sinne geschieht dies, indem man den Satz Deut. 6,4 ausspricht: „Höre Israel, der Herr ist unser Gott, der Herr ist einzig", dem hinzugefügt wird: „Gesegnet sei die Herrlichkeit seines Königtums in Ewigkeit." Wer dies spricht, nimmt das „Joch der Gottesherrschaft" auf sich, indem er Gott als den Einzigen bekennt, er macht Gott zum König über sich selbst. Der Herrschaftsanspruch Gottes besteht in jedem Fall, Gott ist König, ob der Mensch ihn annimmt oder nicht; aber wenn der Mensch ihn nicht annimmt, kann Gott nur noch nach der „Weise des strengen Rechtes" verfahren, d. h. seine Schöpfung dem Untergang preisgeben, und da wäre niemand mehr, über den er König sein könnte. Indem der Mensch Gott zum König annimmt, verwirklicht er das Königtum Gottes in seinem Bereich, das Volk verwirklicht das Königtum in seinem Bereich, bis schließlich die Königsherrschaft Gottes offenbar und sichtbar in der Welt wird, Gott wird verherrlicht, und da ihm so der Raum bereitet wird, wird auch die Gemeinschaft mit Gott möglich, und Gott kann zum Ende offenbar in der Mitte der Menschen gegenwärtig sein – das wäre die Erfüllung der Schöpfungsabsicht. Das Begriffsspektrum der „Herrschaft des Himmels", das neutestamentliche „Himmelreich", reicht also von der persönlichen Annahme der Gottesherrschaft bis zur endzeitlichen Offenbarung der Königsherrschaft in Macht und Herrlichkeit inmitten der Menschen.

Die Annahme der Königsherrschaft Gottes ist Voraussetzung für alles religiöse Tun. In unserer Sprache würden wir sagen: Der Glaube ist Voraussetzung der Tat. Aber man kann diesen Glauben nicht von der Tat lösen und für sich bestehen lassen. So folgt der Annahme des „Joches der Himmelsherrschaft" die Annahme des „Joches der Gebote".

Man hat das Judentum nur zu oft als eine Gesetzesreligion mißverstanden. Die minutiöse Regelung des Lebens durch Gebote und Verbote, die sorgfältige Beachtung auch der geringsten Vorschriften, besonders im rituellen Bereich, wo der objektive Sinn der Gebote nicht einzusehen ist, muß in der Tat diesen Eindruck erwecken. So spricht man denn gern auch von einer Orthopraxie des Judentums. Gewiß ist die Gefahr der Erstarrung, des Sich-Verlierens im gedankenlosen Tun, immer gegeben, es ist eine menschliche Gefahr. Aber die Gebotserfüllung, das Tun eines Gebotes, hat keinen anderen Sinn als den: den Menschen zu heiligen, wie es im Leviticus (11,44) heißt: Seid heilig, denn ich bin heilig. Nur der geheiligte Mensch ist der Gemeinschaft mit Gott fähig. Die Heiligung aber umfaßt alle Bereiche des Lebens, nicht nur den sakralen Bereich. Ja man kann sagen, im sakralen Bereich kann der Mensch wohl nie die Heiligung erlangen, die diesem angemessen ist, er müßte schon wie die Engel werden. Die dem Menschen wirklich angemessene Heiligung erlangt er nur im Bereich der Gerechtigkeit, wo er sich als wahrhaftig erweist: Im Umgang mit seinem Nächsten. So sagten denn auch die Rabbinen zu Deut. 13,5 „Ihm dienet und ihm hanget an“: „Es ist ja dem Menschen unmöglich, Gott anzuhangen, der doch ein verzehrendes Feuer ist. Vielmehr mache der Mensch die Weise Gottes zu seiner Weise: Wie Gott die Hungrigen speist, so speise er die Hungrigen, wie Gott die Nackten kleidet, so kleide er die Nackten...“

Aber es wäre ganz falsch, wenn man den Bereich der Bewährung gegenüber dem Bereich des rituellen Lebens hervorheben wollte, wie dies zuweilen in gänzlicher Verkennung des Wesens der Gebote geschieht. Auch das geringste der Gebote, das Waschen der Hände vor der Mahlzeit etwa, dient der Heiligung des Menschen. Aber es ist nicht das bloße Tun, das heiligt, es ist auch die Intention. Und dieser Absicht zur Gebotserfüllung wird Ausdruck verliehen, indem der Mensch das Joch des Himmels auf sich nimmt, das Gebot erfüllt, um die Herrschaft Gottes zu verwirklichen. Deshalb wird vor jeder Gebotserfüllung ein Segensspruch gesagt, in welchem Gott als König der Welt bekannt wird. So könnte man durchaus sagen, daß das richtig gelebte Leben des Juden liturgisches Leben ist.

Im Mittelpunkt dieses jüdischen Lebens steht die Torah, die geoffenbarte Weisung. Denn aus der Torah erst weiß man, was zu tun und wie zu leben ist. Im engsten Sinne ist das der Pentateuch, die fünf Bücher Moses, im weitesten Sinne die Schrift überhaupt und schließlich der Kontext der Schrift in der mündlichen Tradition, also die Gesamtheit des schriftlichen und mündlichen Traditionsstoffes, das gesamte religiöse Wissen, das im Laufe der Jahrtausende seinen schriftlichen Niederschlag in der Traditionsliteratur fand. Es ist ganz irreführend, die Torah als „nomos“, als Gesetz, aufzufassen, und zwar nicht nur, weil dies sachlich nicht zutrifft, denn die Torah ist ja auch geoffenbarte Geschichte, Weisheit und Liturgie. In der

Torah begegnet der Jude vielmehr unmittelbar Gott, lernt seinen Willen und seine Weise kennen, sie ist für ihn Gottes Wort und Lehre der Weisen, Offenbarung und Unterpfand der Liebe Gottes zu Israel. In ihr findet er Antwort auf all sein Fragen. Das Forschen in der Torah, ihre Kenntnis und ihr Verständnis sind schon im alten Israel ein Bildungsideal gewesen, wie es im 1. Psalm heißt: „sondern Lust hat an der Lehre des Herrn, darüber sinnt Tag und Nacht". Nach der Zerstörung des Heiligtums ist die Torah noch viel mehr zum Ort der Begegnung mit Gott geworden.

Das Studium der Torah ist Gebot, und jedem Juden ist geboten, so viel zu lernen, wie er kann, und so sind die Juden in der Tat ein Volk des Buches – sind es wenigstens bis vor nicht allzu langer Zeit gewesen. Aber es ist dies nicht nur ein intellektuelles Lernen und Ergreifen des Stoffes, dessen Kompliziertheit in der Regel größte Ansprüche an die Intelligenz des Menschen stellt, es ist ein liturgisches Lernen, ein Lernen als Gottesdienst. Und damit selbst der geistig Schwächste einen Anteil am Lernen hat, wurde ein Lehrabschnitt in die Liturgie des täglichen Morgengebetes aufgenommen. Zugleich aber ist es verpönt, das Studium als Mittel zum Zweck zu benutzen, um der Ehre oder eines Amtes willen. Das Studium ist immer religiöser Selbstzweck. Und die Torah ist auch das, was das Judentum so zusammenhält. Es gibt seit einem Jahrtausend keine zentrale Institution des Judentums mehr. Was die Gemeinschaft der Juden gewährleistet, ist das Leben nach der Torah, wie es die Tradition ordnet und wie es die Lehrer im Konsensus mit der Tradition unterweisen. Die Autorität der Lehrer ist allein darauf gegründet, daß ihre Entscheidungen allgemein als gültiger Ausdruck der Torah anerkannt werden.

Im Mittelpunkt des Gemeindelebens steht der eigentliche Gottesdienst, der Synagogenkult. Seit der Zerstörung des Heiligtums gibt es keinen Opferkult mehr und keinen sakralen Bereich innerhalb dieser Welt, in welchem der Beter und Opfernde Gott unmittelbar gegenüberstehen kann. So blieb nur noch der Gebetsgottesdienst, der zwar am Kultus des Heiligtums orientiert ist, diesen aber nicht ersetzt. Es ist ein reiner Laiengottesdienst, und der Priester, der Nachkomme Aarons, hat in diesem keine Funktion mehr, außer daß er den Priestersegen erteilt. Gemeinde ist dort, wo immer sich zehn männliche volljährige Juden zum Gebet zusammentun. Der Vorbeter, in kleinen Gemeinden ad hoc aus der Mitte der Laien bestellt, ist nur Beauftragter der Gemeinde, er spricht die Gebete für sie vor. Zweimal am Tag kommt man zu den drei vorgeschriebenen Gebeten in der Gemeinde zusammen, und es ist verdienstvoll, mit der

Gemeinschaft zu beten, ja bestimmte Gebete dürfen überhaupt nur in der Gemeinde gesprochen werden.

In der Betergemeinde ist Gott, die Schekhinah, gegenwärtig. Aber dies ist keine sakrale Gegenwart, keine Gegenwart, der durch besonderes Gebet oder durch besonderes rituelles Verhalten Ausdruck verliehen wird wie einst im Heiligtum. Der Beter allerdings steht vor Gott, nicht vor dem Gott, der in der Gemeinde gegenwärtig und nahe ist, sondern vor Gott im Himmel, zu dem er betet. Ja mehr noch, sein Lobpreis, das dreifache Heilig, das die Gemeinde spricht, geht ein in den Lobpreis der himmlischen Wesen, der Engel und Seraphen.

Zwar ist das Gemeindegebet geordnet, es gibt Ansätze zu kultischen Handlungen, besonders an den Festen, wie sie im Rahmen der häuslichen Liturgie, z. B. beim Passahmahl, gefeiert werden, aber der jüdische Gottesdienst kennt keine symbolischen Handlungen. Es geschieht im Kult nichts, was einer höheren oder tieferen Wirklichkeit durch Wort, Geste oder Zeichen Ausdruck verleiht, oder was gar wiederholend bewirkt, was dem Auge nicht sichtbar ist. Man darf sagen, das Symbol ist dem Judentum fremd. Das ist auch verständlich, wenn man daran denkt, daß das Judentum Geschichtsreligion ist. Historisches Geschehen ist einmalig und unwiederholbar. So hat das Zeichen im Judentum immer die Funktion des *sekhers*, des Andenkens, des Gedenkenmachens. Die häusliche Passahfeier z. B. ist Andenken an den Auszug aus Ägypten, niemals symbolische Wiederholung. Und wenn auch die Passahnacht für viele eine ganz besondere, fast geheimnisumwobene Zeit ist, erwarten doch viele in ihr die Erlösung aus dem Exil, so geschieht doch nichts, was Wiederholung wäre – ein geschichtliches Ereignis kann nicht wiederholt werden.

Das Tun der Gebote erwirbt dem Menschen Verdienst oder Rechtfertigung, *sakhut*, wörtlich das, was der Läuterung im Gericht dient. Die Übertretung, die Sünde, gereicht ihm zur Schuld, zur *chowah*. Sünde ist vor allem erst einmal Aufruhr gegen Gott, ein Abwerfen des Joches des Königtums und der Gebote. Aber jede geringfügige Übertretung ist schon ein Fehl, und selbst die objektive Verschuldung, das falsche Handeln aus Unkenntnis oder Irrtum, ist objektive Sünde und bedarf der Sühne. (Wir neigen heute dazu, diese objektive Verfehlung mit Geringschätzung zu betrachten. Aber wir dürfen nicht übersehen, daß auch die versehentliche Sünde schwer auf dem Menschen lastet, der ein rituelles Leben lebt – und die Tiefenpsychologie kann uns hier in manchem belehren.) Ist aber Verfehlung in allem möglich, und in allem zu meiden, so hat man doch im frühen Judentum unter dem Zwang der Verfolgungen eine äußerste Grenze gesetzt, die auf keinen Fall überschritten werden darf: Götzendienst, Blutvergießen und Unzucht, dies sind die drei Vergehen, die schwerer wiegen als der Anspruch auf das eigene Leben. Man kann sie als die eigentlichen Todsünden verstehen, und es ist besser, daß der Mensch sein eigenes Leben hingebe, als daß er diese Sünden begehe.

Man kann kaum sagen, daß die Sünde den Menschen in seinem Wesen verändert. Aber es gibt Ansätze zu solchen Vorstellungen. Die Sünde mindert die Heiligkeit des Menschen, sie macht ihn zur Gottesnähe unfähig. Da nach der Zerstörung des Heiligtums die Sühneriten, wie sie die Schrift vorsieht, nicht mehr ausführbar sind, blieb dem Judentum nur noch die Umkehr als Sühnemittel und die Bußübung, die der persönlichen Maßgabe anheimgestellt ist. Die Umkehr vom falschen oder vom bösen Weg, die Rückkehr zu Gott sühnt denn auch alle Sünden, und in der Wertung der Rabbinen steht der bußfertige Sünder höher als der Gerechte, der nie gefallen ist – und den es eigentlich nicht gibt, denn jeder Mensch sündigt. Die Umkehr befreit den Menschen zwar nicht von der Sündenstrafe, aber sie bewahrt ihn vor der Verwerfung durch Gott. Auch dem vollendeten Sünder wird die Umkehr nicht versagt, jedoch kann Gott ihm die Einsicht nehmen, die zur Umkehr führen könnte. So bleibt also der Weg zur Umkehr jedem offen, aber doch nur jenen, denen die Gnade der Einsicht gewährt wurde.

Die Frage, ob der Glaube rechtfertigt, ist so im Judentum nie gestellt worden, weil die Gegenüberstellung Glaube – Gesetzeswerke im rabbinischen Judentum unmöglich ist, sie könnte nur in antinomistischen Kreisen gestellt werden. Glauben und Tun gehören zusammen: Glaube ist die Voraussetzung des Tuns, Tun ohne Glauben ist leer und sinnlos, Glauben ohne Tat ist Ungehorsam. Gewiß, die jüdische Traditionsliteratur ist voll von Aussagen, die das Verdienst der einzelnen Tat loben, und man tut um des Verdienstes willen oder auch um des Lohnes willen. Das pharisäische Ideal allerdings war das Dienen um der Liebe willen: „Der Mensch soll nicht wie ein Knecht sein, der um des Lohnes willen dient". Und wenn man das Dienen um des Lohnes willen und das Dienen aus Angst vor Strafe dennoch gelten ließ, dann in der Hoffnung, daß dieses schließlich zum Tun aus Liebe führen würde. Man darf sich durch das Bild des göttlichen Richters, der auf der Waage die guten und die bösen Taten des Menschen gegeneinander aufwiegt, nicht täuschen lassen. Der Lohn der Taten ist dem Menschen nicht bekannt, und im Gericht entscheidet sich schließlich, ob die Taten nach der Weise der Barmherzigkeit gewogen werden oder nach der Weise des strengen Rechtes, vor der niemand bestehen könnte.

Aber das Tun und die Rechtfertigung, die *sakhut,* das Verdienst, sind niemals nur individuell, sie haben eine Bedeutung für die Gesamtheit Israels. Die Vorstellung von der Gemeinschaft der Heiligen ist im rabbinischen Judentum zu Hause. Israel ist eine Gemeinschaft von Bürgen, sie müssen füreinander einstehen, keiner darf sagen, was geht mich die Sünde meines Nächsten an, denn die Israeliten werden füreinander zur Rechenschaft gezogen. Und genauso stehen sie mit ihrem Verdienst füreinander ein. Und auch das Verdienst der Väter, im besonderen der Erzväter Abraham, Isaak und Jakob, kommt den Söhnen zugute – denn oft genug wurden sie um der Väterverheißung willen gerettet.

Nicht unähnlich wie im Christentum überschneiden sich bei der Vorstellung von dem, was wir so schön die Letzten Dinge nennen, der individuelle und der kollektive Aspekt. In der Schrift selber wird ja die Frage des individuellen Fortlebens nach dem Tode kaum berührt, der biblische Hades ist dürftig: Die Toten preisen Gott nicht. Das Aufkommen der Vorstellung von einer Auferstehung des Fleisches, verbunden mit einem allgemeinen Gericht, macht dann den Hades zu einem zwischenzeitlichen Ort des Verweilens. In diesem Vorstellungskreis bleibt der Mensch ganz diesseitig.

Zu irgendeinem Zeitpunkt aber kommt die Vorstellung auf, daß die Seele des Gerechten nach einem individuellen Gericht in ein jenseitiges Paradies oder in den Himmel aufgenommen, die Seele des Frevlers aber zur Höllenstrafe verdammt wird, die im rabbinischen Judentum eher ein zeitlich sehr begrenztes Purgatorium ist, eine schmerzhafte Läuterung der Seele. Diese Vorstellungen sind dem Judentum ursprünglich vielleicht fremd, aber sie wurden vollkommen integriert – allerdings blieb der innere Widerspruch zur kollektiven Erlösungserwartung. Dieser Widerspruch wird nur dürftig durch die Erwartung der Auferstehung des Fleisches und eines kollektiven Gerichtes überbrückt.

Die kollektive Endzeiterwartung des Judentums liegt dagegen auf der Projektionslinie der biblischen Eschatologie: die Erwartung eines Messias, eines Gesalbten aus dem Hause Davids, der Israel befreien und in sein Land zurückführen wird und der dann den Tempel wiedererrichtet; ein Ansturm der Heidenvölker gegen Jerusalem, die Kriege Gogs und Magogs, und schließlich wird Gott selber, die Schekhinah, in offenbarer Herrlichkeit nach Jerusalem zurückkehren, Gott ist König auf Erden, so wie er es im Himmel ist, und dann wird es, wie es bei Jesaja 65, 17 heißt, einen neuen Himmel und eine neue Erde geben, ja die Grenzen zwischen Himmel und Erde werden schwinden.

So wie es hier gesagt ist, ist es allerdings leicht gesagt. Wenige Vorstellungen sind so verschwommen, so widersprüchlich untereinander wie die Vorstellungen von den Letzten Dingen. Das sind Dinge, die erst noch geschehen müssen. Dennoch wird nichts so sehnlich erwartet wie die Ankunft des Messias und die Offenbarwerdung der Herrschaft Gottes, täglich wird mehrmals darum gebetet.

Aber wer ist der Messias? Ein Mensch, wird die Antwort schon im Hinblick auf das Christentum lauten. Ein idealer König, der Gerechtigkeit schafft und der so die Rückkehr Gottes in Herrlichkeit bereitet; er kommt, arm auf einem Esel reitend (Sach. 9,9) oder auf den Wolken des Himmels in Herrlichkeit (Dan. 7,13); er ist schon da, sagte R. Jehoschua ben Levi im 4. Jahrhundert, leidend und mit Israel das Exil erduldend, harrend, daß jene umkehren, und seine Leiden tragend, um Israels Schuld zu sühnen*. Manchmal tritt das Bild des erlösenden Königs ganz zurück, er ist nur ein vollkommener König, die Schekhinah steht dann im Vordergrund, ihr Offenbarwerden und ihre Rückkehr. Manchmal, wie zu Zeiten des Bar Kochba z. B., ist er nur ein politischer Befreier von der Fremdherrschaft. Dazu tritt dann oft die ganz dunkle Gestalt des Messias ben Joseph, des Gesalbten aus dem Hause Josephs, ein Messias, der im Kampf gegen die Heidenvölker umkommt.

Aber dieser Messias ist niemals inkarnierter Gott, fleischgewordenes Wort. Hier dürfte die Grenze zwischen den messianischen Vorstellungen des Judentums und des Christentums unüberschreitbar sein. Das Christentum hat alles, was wir im Judentum als einzelne Züge des Messias und als Vorstellung von der Schekhinah finden, in den einen Menschen Jesus zusammengefaßt. Ins Jüdische zurückübersetzt, wäre er die inkarnierte Schekhinah – ein Gedanke, der so für das Judentum nicht nachvollziehbar ist –, der König aus dem Hause Davids, der gerechte Richter, der Mensch, der sein Leben für die Sünden Israels hingibt, ein Gott, der sich dem Leiden seiner Geschöpfe nicht entzieht.

Die zukünftige Welt des Judentums ist diesseitig. Aber es ist ein neuer Himmel und eine neue Erde, eine von Grund auf veränderte Welt, eine ganz geheiligte Welt. Nur ist es eben nicht der Mensch, der in den Himmel eingeht, um diese Metapher zu verwenden, so wie die Seele der verstorbenen Gerechten oder des lebenden Apoka-

---

* *A. Goldberg*, Erlösung durch Leiden, Frankfurt a. M. 1978.

lyptikers, der die himmlischen Hallen durchschreitet, bis er vor den Thron Gottes gelangt, sondern Gott kommt zum Menschen. Das entspricht ganz dem „monistischen“ Prinzip des rabbinischen Judentums. Würde diese Welt im Gericht untergehen, der Mensch aber in den Himmel gerettet, das hieße diese Welt, die Schöpfung Gottes, negieren; und dann müßte man zwangsläufig zu einer dualistischen Weltanschauung gelangen. Die neue Erde und der neue Himmel sind vielmehr der Schöpfung schon inhärent, sie wurden zusammen mit dieser Welt geschaffen.

Die zukünftige Welt ist die Erfüllung der Schöpfungsabsicht Gottes. Der Mensch lebt nunmehr unsterblich in der Gemeinschaft vor Gott, vor seinem Angesicht und in vollkommener Erkenntnis Gottes. Gewiß fehlt es nicht an Auffassungen, welche die zukünftige Welt zu einem Paradies, zu einem Ort des Wohllebens machen. Aber im allgemeinen setzt sich doch die Auffassung durch, daß es hier um die Anschauung Gottes, um die Fülle der Erkenntnis Gottes geht. Eliade* hat in seinem Buch über den Mythos der ewigen Wiederkehr angedeutet, daß mit der Eschatologie das Denken wieder in den Zyklus der ewigen Wiederkehr einmündet, nur wird der Zyklus durch eine einzige Regeneration ersetzt. Dies wäre in der Tat ein Scheitern der geschichtlichen Weltanschauung, weil der Mensch die Ausweglosigkeit der gerade ablaufenden Zeitlinie nicht erträgt. Der Gedanke besticht, aber er ist nicht ganz richtig. Gewiß, hier wird der endlos verlaufenden Geschichte ein Ende gesetzt, aber das Ende ist nicht die Wiederkehr des Anfangs, nicht die Wiederherstellung des Paradieses. Das Ende steht am Ende einer geraden Zeitlinie, es ist Vollendung. Das, was zwischen Anfang und Ende ist, die Geschichte, ist nicht vergessen, sie bleibt als Faktum und als Erinnerung – und eben darin bleibt auch der verklärte Mensch ein Mensch und wird nicht zum schicksalslosen Engel. Es gibt die eigenartige, aber großartige Erörterung der Rabbinen über die Frage, ob man in den Tagen des Messias oder in der zukünftigen Welt noch des Auszuges aus Ägypten gedenken wird. Und die Rabbinen kommen zu dem Schluß, daß dann zwar die letzte Erlösung die bedeutendste sein wird, daß man des Auszuges aus Ägypten aber immer gedenkt. Es ist am Ende eben nicht nur die Gottesanschauung der Verklärten, es ist die Erkenntnis, die gemeinsame Erfahrung in der Geschichte, die Gott und Menschen verbindet, der geschichtliche Eros. So muß der Mensch eben auch vor Gott bleiben, immer ein anderer als Gott, damit er Mensch bleibe.

---

* Der Mythos der ewigen Wiederkehr, Düsseldorf 1953, S. 163ff.

## Literatur

Encyclopaedia Judaica, 16 Bde., 1971/72.

Jüdisches Lexikon, ein enzyklopädisches Handbuch des jüdischen Wissens, 4 Bde., 1927–30.

*J. Maier*, Geschichte der jüdischen Religion, 1972 (sehr ausführliche Bibliographie).

*S. W. Baron*, A Social and Religious History of the Jews, Bd. Iff., ab 1952.

*S. Dubnow*, Weltgeschichte des jüdischen Volkes, 10 Bde., 1925–29.

*S. Schechter*, Aspects of Rabbinic Theology, 1961.

*G. Scholem*, Die jüdische Mystik in ihren Hauptströmungen, 1967.

*J. Guttmann*, Die Philosophie des Judentums, 1933.

*E. L. Ehrlich*, Kultsymbolik im Alten Testament und im nachbiblischen Judentum, 1959.

*E. Munk*, Die Welt der Gebete, 1962.

## Diskussionsnotiz

Das „klassische" Judentum, wie der Referent es darstellt, erscheint noch über Erwarten dem Christentum ähnlich. Was einen geborenen Juden bei solch hohem Begriff vom Judentum doch noch bewegen konnte, Christ zu werden, müßte besonders interessieren. Der Referent meint aber, gerade hierüber lasse sich nichts sagen.

Gedanklich hat sich das Bestehen auf der unüberbrückbaren Distanz zwischen Gott und Mensch, die Verwerfung jeder Inkarnation, als trennendes Kennzeichen ergeben. Zwar wird im Alten Testament vom Menschen oder doch dem erwählten Menschenvolk als Gottes ehelichem Bundespartner, als Gottes Freund, schließlich als stellvertretend beladenem Gottesknecht höher gedacht als im Islam. Aber da nichts Geborenes göttlich, das Göttliche nicht geboren sein kann, fällt die Andacht zur Gestalt der Mutter aus. Die nicht ebenbürtige Rolle der Frau im Judentum, nach der besonders gefragt wird, mag daher als diesem Glauben wesensgemäß erscheinen. Im Rahmen der Andacht zur eigenen Geschichte, also der für das Judentum konstitutiven Andachtsform, kommen allerdings profilierte, auf den Glaubensbund bezogene Frauengestalten zu einer Geltung und bildenden Wirkung, der im Islam nichts entspricht.

Die Erhabenheit des Gottesgedankens mag im Judentum wesensnotwendig zu der Konsequenz geführt haben, nicht nur jedes Bild von der Gottheit zu verwerfen, sondern sich überhaupt die tiefere Andacht zu oder vor Bildbarem zu versagen, so daß die Unterentwicklung der Kunst („hier fängt die Prosa der Natur an", Hegel) zur Sache gehören könnte.

Der Referent läßt nicht zu, daß das Judentum mit einem neutestamentlich gesehenen „Pharisäertum" gleichgesetzt wird, also mit fanatischem Geseteseifer und dem Selbstruhm der Gesetzeserfüllung. Auch wenn es das laut dem authentischen Zeugnis des gewesenen Pharisäers Paulus reichlich und hervorstechend gegeben haben muß, mag die Blüte des Pharisäertums nicht viel anders als Jesus gedacht haben (die verbleibende Nuance kann trotzdem tödlich gewesen sein). Aber als entscheidende Alternative zur Gesetzesreligion ist dann doch erst das – nicht einfach mit Jesu Lehre gleichzusetzende – Christentum konzipiert worden: als Botschaft von der am Gesetz vorbei durch einen Menschen für die Menschen beschafften Erlösung.

Da der Referent das Judentum als Geschichtsreligion und die jüdische Gottesverehrung als Andacht zur eigenen vom Gottesbund gezeichneten Geschichte eindrucksvoll herausgearbeitet hat, wird er, um noch zu zeigen, wie das Christentum diese einzigartige Erfahrungs- und Geschichtsreligion anfangs fortsetzte, gebeten, zum Abschluß als eine neutestamentliche Haggada die Rede zu lesen, mit der Stephanus sich verantwortete (Apg. 7).

# Zeittafel

| | |
|---|---|
| 1280–1180 | Auszug aus Ägypten; Moses; Landnahme unter Josua. |
| 1180–1004 | Richter, Samuel, Saul, Beginn der Monarchie. |
| 1004–965 | David |
| 965–926 | Salomon; Reichsteilung. |
| 722 | Untergang des Nordreiches; Propheten: Hosea, Jesaja. |
| 586–536 | Erste Zerstörung Jerusalems, Babylonisches Exil. Propheten: Jeremija, Ezechiel. Kanonisierung des Pentateuch. |
| 520–420 | Wiederaufbau des Tempels; Esra, Nehemijas. Letzte Propheten: Haggaj, Malachias, Sacharja. Kanonisierung der prophetischen Schriften. |
| 166–37 | Makkabäeraufstand, Herrschaft der Hasmonäer. Beginn rabbinischer Schriftgelehrsamkeit. Verbreitung des Judentums durch Zerstreuung und Mission im ganzen Mittelmeerraum und Orient. |
| 66–70 n. Chr. | Aufstand gegen Rom; zweite Zerstörung Jerusalems. |
| 70–135 | Akademie in Jawne wird geistiges Zentrum des Judentums; Patriarchatsverfassung. Durchsetzung des Pharisäismus im rabbinischen Judentum. Bar-Kochba-Aufstand. |
| 135–390 | Sammlung, Fixierung und Redaktion der mündlichen Tradition: Redaktion der Mischna (ca. 200), des palästinischen Talmuds (ca. 390). Babylonien wird Mittelpunkt rabbinischer Schriftgelehrsamkeit. |
| 500 | Redaktion des babylonischen Talmuds. |
| 1000 | Niedergang der Akademien im Orient, Verlagerung der geistigen und materiellen Zentren nach Europa. |
| 12.–13. Jh. | Blüte des jüdischen Geisteslebens in Spanien und Frankreich. Judenverfolgungen in Frankreich, England und Deutschland führen zum Niedergang bedeutender jüdischer Gemeinden. |
| 1492–97 | Vertreibung der Juden von der Iberischen Halbinsel. |
| 1564 | Joseph Karo veröffentlicht den *Schulchan Arukh*, eine Kodifizierung des jüdischen Ritualgesetzes, die bis in die Gegenwart verbindlich bleibt. |
| Ende des 18. Jh. | Beginn der jüdischen Aufklärungsbewegung. |
| 19. Jh. | Emanzipation und (relative) bürgerliche Gleichstellung der Juden in den meisten Staaten West- und Mitteleuropas; jüdische Reformbewegung. |
| 1917 | Die Balfourdeklaration sichert dem jüdischen Volk ein Heimatrecht in Palästina zu. |
| 1940–45 | Etwa 6 Millionen europäischer Juden kommen in den von Nazi-Deutschland besetzten Gebieten in Massenvernichtungslagern um. |
| 1948 | Gründung des Staates Israel |

# Christentum

Von Walter Kasper

## I

Wer über das Christentum Auskunft geben soll, gerät augenblicklich in Verlegenheit. Was Christentum ist, läßt sich nicht auf eine kurze Formel bringen. Das Christentum tritt uns in Gestalt von vielen und recht vielgestaltigen Christentümern entgegen. Schon im ersten Jahrtausend haben sich östliches und westliches Christentum unterschiedlich entwickelt, was nach mancherlei Irrungen und Wirrungen im 11. Jahrhundert zu einem bis heute andauernden Bruch geführt hat. Im 16. Jahrhundert ist in den tragischen Auseinandersetzungen von Reformation und Gegenreformation auch die Westkirche in verschiedene Konfessionskirchen auseinandergebrochen. Nach einer jahrhundertelangen Geschichte immer wieder neuer Kirchenbildungen ist erst in der ökumenischen Bewegung unseres Jahrhunderts ein rückläufiger Prozeß in Gang gekommen; seither hat eine verheißungsvolle neue Annäherung der getrennten christlichen Kirchen begonnen. Gleichzeitig hat jedoch in allen großen christlichen Kirchen ein Prozeß der inneren Differenzierung und Polarisierung eingesetzt, der mit den Schlagworten von einer konservativen und einer progressiven Richtung nur unzureichend charakterisiert werden kann. Bei diesem noch nicht ausgestandenen Streit innerhalb aller Kirchen geht es letztlich um die Frage, in welcher Weise die christliche Tradition unter den heutigen Bedingungen so zu verstehen und zu verwirklichen ist, daß das Christentum gerüstet ist für das dritte Jahrtausend seiner Geschichte.

Das Christentum hat im Laufe seiner fast zweitausendjährigen Geschichte tiefgreifende Entwicklungen mitgemacht, und es steht gegenwärtig mitten in einer noch offenen geschichtlichen Entwicklung. Die bisherige Geschichte des Christentums ist bestimmt durch die Tradition des Alten Testaments und die Emanzipation vom jüdischen Gesetz, durch die geschichtliche Rezeption des urchristlichen Erbes im hellenistischen, römischen, germanischen und gesamten westlichen Kulturraum, durch die Renovatio der antiken Kultur in Renaissance und Humanismus, die Reformation aufgrund des

Ursprungszeugnisses der Schrift und die Restauration als Abwehrbewegung gegenüber den Infragestellungen in der Neuzeit. Die Erneuerungsbewegungen unseres Jahrhunderts müssen gesehen werden vor dem Hintergrund einer sich wandelnden Welt, vor allem dem Zu-Ende-Gehen der jahrhundertelangen Vorherrschaft der westlichen Kultur gerade in und durch deren weltweite Ausbreitung durch Wissenschaft und Technik. In dieser Situation hat das Christentum seine Universalität und seine (im ursprünglichen Sinn des Wortes verstandene) Katholizität neu zu bewähren. Alle diese Entwicklungen betreffen nicht allein die äußeren Formen, sondern auch das Glaubensverständnis und die Glaubenslehre. Deshalb gibt es nicht nur eine Verfassungs-, Liturgie-, Frömmigkeits- und Theologiegeschichte, sondern auch eine wirkliche Dogmengeschichte der christlichen Kirchen.

Die Frage, was denn eigentlich und bleibend christlich sei, was das entscheidend und unterscheidend Christliche, das alle Christen Verbindende und für alle Verbindliche sei, läßt sich aufgrund des Gesagten nicht mit Hilfe einer allgemeinen Wesensformel oder durch Bekenntnis- und Katechismussätze beantworten. Gerade damit diese bleibend verbindlich sein können, müssen sie in die Sprache und Problemstellung unserer Zeit übersetzt werden. Das ist bisher keiner der christlichen Kirchen, aber auch keiner ihrer Theologien voll gelungen. Nur soviel läßt sich vorläufig sagen: Das Christentum kommt nie als „reines“ Christentum zur Darstellung; es läßt sich nur von seiner Geschichte her als lebendige Geschichte beschreiben.

Aufgrund dieser geschichtlichen Verfaßtheit des Christentums ist allen, die sich Christen nennen, eines gemeinsam: Sie berufen sich auf die Geschichte und das Geschick von Jesus Christus und beanspruchen, seine Person und seine „Sache“ zu vergegenwärtigen. Auch wenn sie dabei zu kontroversen Ergebnissen kommen, haben sie doch einen gemeinsamen Ausgangspunkt und eine gemeinsame Mitte. Nur dadurch, daß Jesus Christus nicht nur der einmalige Anfang, sondern das bleibende Fundament und gleichsam die Seele des Christentums ist, wird dieses davor bewahrt zu einem synkretistischen Phänomen zu werden. Mit Jesus Christus bewahrt das Christentum eine „gefährliche Erinnerung“ (J. B. Metz), die nicht nur seiner Legitimation, sondern auch der Kritik seiner jeweiligen geschichtlichen Verwirklichungsformen dient. Das entscheidend und unterscheidend Christliche ist deshalb nicht eine Idee oder ein Prinzip, sondern ein Name und eine Person. Was Christentum ist, muß sich deshalb in einem ersten Gang der Überlegungen aus der

Geschichte von Jesus Christus und der Geschichte seiner Vergegenwärtigung in der Kirche ergeben. In einem zweiten Schritt der Überlegungen können wir dann fragen, was sich aus dieser Geschichte für das christliche Verständnis des Menschen und der Welt sowie für das Verhältnis des Christentums zu den Religionen ergibt.

## II

Alle christlichen Kirchen bekennen sich zu Jesus von Nazareth; sie glauben, daß Gott ihn von den Toten auferweckt hat, daß er in der Kirche, durch ihre Verkündigung und durch ihre Sakramente wirksam gegenwärtig ist und daß er sich am Ende als der Herr der Geschichte erweisen wird. Sie bekennen Jesus Christus als wahren Gott und wahren Menschen. Jesus Christus ist deshalb im ursprünglichen Sinn kein Doppelname wie etwa Hans Maier, sondern vielmehr ein Bekenntnis, das besagt: Jesus ist der Christus (= Messias), d.h. der von Gott gesandte endgültige Heilbringer; durch ihn ist Gott selbst heilschaffend am Werk.

Dieses alle Kirchen verbindende Bekenntnis gibt heute nicht wenige Fragen auf. Besonders seit der neuzeitlichen Aufklärung und dem Aufkommen der historisch-kritischen Bibelforschung wird dieses Bekenntnis in Frage gestellt. Als nämlich die historische Kritik anfing zu fragen, wer denn Jesus eigentlich war, und als man begann, Schicht um Schicht von der späteren kirchlichen Ikonologie abzutragen, um die ursprünglichen Züge seiner geschichtlichen Person wiederzuerkennen, entdeckte man den Unterschied zwischen dem Jesus der Geschichte und dem Christus des kirchlichen Glaubens. Zwar hat sich die zu Beginn unseres Jahrhunderts aufgestellte These, Jesus habe überhaupt nicht gelebt, sondern sei nur ein Mythos, als historischer Unsinn erwiesen. „Der Stall, der Zimmermannssohn, der Schwärmer unter kleinen Leuten, der Galgen am Ende, das ist aus geschichtlichem Stoff, nicht aus dem goldenen, den die Sage liebt" (E. Bloch). Es steht außer jedem Zweifel, daß Jesus in den ersten drei Jahrzehnten unserer Zeitrechnung, wahrscheinlich von 6/7 v. Chr. bis 30 n. Chr., in Palästina gelebt hat. Die Bekenntnisse zu Jesus als dem Christus, dem Kyrios (Herr) und dem Gottessohn sind jedoch nach unserer heutigen historischen Kenntnis erst nach Jesu Tod in den frühen christlichen Gemeinden entstanden. Damit steht man vor dem Problem, wie aus dem Jesus der Geschichte der Christus des kirchlichen Glaubens geworden ist. Mit der Antwort auf diese Frage entscheidet sich auch die Frage, mit welchem Recht sich die christlichen Kirchen auf Jesus berufen.

Die Geschichte der Leben-Jesu-Forschung, die sich diesem Problem zuwandte, ist lang und wandlungsreich. Sie beginnt mit H. S. Reimarus, dessen Fragmente Lessing herausgegeben hat. D. F. Strauß, F. Schleiermacher, W. Wrede, A. Schweitzer, R. Bultmann bedeuten jeweils wichtige Wendepunkte in der Geschichte dieser Forschung. Zumeist war es jedoch der Herren eigener Geist, der sich in Jesus spiegelte. Bald war er der Moralprediger der Aufklärer, bald der Jesus der reinen Innerlichkeit der Pietisten und der Liberalen, bald der Inbegriff der Humanität bei den Idealisten oder der Freund der Armen und der Revolutionäre bei den Sozialisten. Heute gilt das ganze Unternehmen der Leben-Jesu-Forschung weithin als gescheitert. Die mit Abstand wichtigsten Quellen sind die vier kanonischen Evangelien; sie wurden jedoch nicht aus chronistischem Interesse geschrieben. Angesichts dieser Lage der Quellen kann sich nur reine Phantasie die Rekonstruktion einer Biographie und Psychologie Jesu zutrauen. Das ist jedoch kein Grund zu historischer Skepsis und Resignation. Die „neue" Frage nach dem historischen Jesus in den letzten 20 Jahren (E. Käsemann, E. Fuchs, G. Bornkamm u.a.) hat mit großer Eindeutigkeit ergeben, daß aus dem Dunkel der Historie die charakteristischen Züge der Verkündigung und des Auftretens Jesu verhältnismäßig scharf hervortreten. Wir wissen mit großer Sicherheit, daß Jesus von der eschatologischen Verkündigung und von der Taufbewegung des Johannes ausgegangen ist und daß er in der Konsequenz seines Auftretens zum Tod am Kreuz verurteilt wurde. Zwischen diesen beiden Polen lassen sich Person und „Sache" Jesu relativ scharf fassen. Das Gegenteil zu behaupten, kann man getrost dilettantischen Amateur-Theologen überlassen.

In der Mitte der Botschaft Jesu steht die Verkündigung der nahe herbeigekommenen Herrschaft Gottes. Damit greift Jesus die allgemein-menschliche Erwartung eines gerechten Herrschers und die besondere Hoffnung des Alten Testaments auf, wonach Gott selbst am Ende der Zeit Recht und Gerechtigkeit schaffen und einen universalen Frieden (schalom) heraufführen wird. In seinem Auftreten und Wirken sah Jesus diese heilbringende Herrschaft Gottes bereits im Anbruch. Er sprach und handelte in Vollmacht wie einer, der an Gottes Stelle steht. Das ist der Hintergrund seiner ärgerniserregenden Tischgemeinschaft mit Sündern, seiner aufsehenerregenden Wundertaten, denen man einen historischen Kern kaum absprechen kann, und überhaupt seiner Heilsverheißung an die Armen, Unterdrückten, Ausgestoßenen und Verfolgten. Die Herrschaft Gottes war für ihn die Herrschaft des „Vaters“ (abba), die Herrschaft der Liebe Gottes, die nicht nur die „Seele“ des Menschen, sondern – was nach hebräischem Verständnis davon völlig unablösbar ist* – auch den Leib des Menschen beansprucht und eine Umkehr fordert, die nicht auf die reine Innerlichkeit der Person beschränkt ist, sondern in der Forderung der Nächsten- und der Feindesliebe die sozialen Beziehungen mitumfaßt. Mit dieser alle bisherigen Schemen sprengenden Botschaft und mit diesem Anspruch kam Jesus in Widerspruch und Konflikt mit allen weltlichen und religiösen Gruppen und Institutionen seiner Zeit. So wurde er wegen Gotteslästerung und Aufruhr zum Tod verurteilt. Er, der die Nähe Gottes zu den Verlassenen verkündet hat, starb mit allen Zeichen der Gottverlassenheit. Im Horizont des Alten Testaments konnte sein schimpflicher Tod am Kreuz nur als Fluch Gottes verstanden werden.

Da Jesus seine „Sache“ ganz mit seiner Person verknüpft hatte, bedeutete der Tod Jesu für seine Jünger zunächst das Scheitern ihrer Hoffnungen. Zukunft über den Tod Jesu hinaus konnte das Christentum deshalb nur haben, wenn gewiß war, daß Gott sich mit dem Gekreuzigten identifiziert hat, d.h. in der Sprache der jüdischen Apokalyptik, wenn Gott ihn von den Toten auferweckt hat und wenn Jesus damit auf neue Weise, biblisch gesprochen „im Geist“, gegenwärtig ist. Die Auferweckung wird in der Schrift jedoch nicht als Wiederbelebung und als Rückkehr ins alte Leben, sondern als Anbruch des neuen und endgültigen Lebens in der Herrschaft Gottes verstanden. Die Auferweckung Jesu bedeutet darum die Bestätigung und endgültige Inkraftsetzung seines eschatologischen** Anspruchs. Schon Paulus betonte, daß ein Christentum ohne den Glauben an die Auferweckung Jesu sinnlos und grundlos wäre. Ohne die Auferweckung wäre Jesus ein unschuldig Ermordeter mehr und als solcher nicht Grund zur Hoffnung, sondern eher zur Skepsis und Resignation. Erst im Licht und in der Kraft des Auferstehungsglaubens konnten die Jünger die Bedeutung des irdischen Jesus klar und eindeutig erkennen. Deshalb ist das Bekenntnis zu Jesus und seiner „Sache“ nur sinnvoll, wenn es getragen ist von dem Bekenntnis zum auferweckten und lebendigen Christus.

---

* Vgl. zum Leib-Seele-Problem nach jüdischem Glauben S. 96.

** Der Begriff eschatologisch wird in der gegenwärtigen Theologie in sehr verschiedener Weise gebraucht. Ursprünglich meint eschatologisch alles, was sich auf die Endzeit (eschata) bezieht. In einem weiteren Sinn bezeichnet es aber auch Ereignisse, die die Endzeit jetzt schon vorwegnehmen und denen deshalb endgültige Bedeutung zukommt, z.B. Jesus Christus, Auferstehung, Kirche.

Während das Auftreten und Wirken des irdischen Jesus wie jedes andere geschichtliche Phänomen historisch erforscht werden kann, entzieht sich das Bekennntnis zum auferweckten Christus historischer oder sonstiger Nachprüfung. Die Tatsache, daß das Grab Jesu leer aufgefunden wurde, ist vieldeutig; sie war für das Christentum nie ein Beweis für die Auferstehung, sondern lediglich ein nachträgliches Zeichen für den Glauben. Historisch faßbar ist also nicht die Auferstehung selbst, sondern nur der Auferstehungsglaube der ersten Jünger. Er tritt bereits in den frühesten Überlieferungsschichten auf und wird menschlich dadurch glaubwürdig, daß die ersten Zeugen dieses Glaubens das Martyrium auf sich genommen haben. Angesichts dieses Befunds der Quellen schaffen Theorien, die mit Betrug der Jünger, Verwechslung des Grabes, mit Scheintod, subjektiven Visionen (Halluzinationen) oder eigener theologischer Reflexion der Jünger argumentieren, mehr Probleme, als sie lösen können. Für den Glauben wird das Bekenntnis zur Auferweckung des Gekreuzigten „verständlich" aus dem Gesamtzusammenhang der eschatologischen Hoffnung auf die Gerechtigkeit Gottes, eine Hoffnung, die sich im späten Judentum immer mehr zuspitzte zu der Hoffnung auf den „Gott, der die Toten lebendig macht". Diese eschatologische Hoffnung, daß Gott am Ende „alles in allem" sein werde und „alle Tränen abtrocknet", ist der eigentliche Verstehenshorizont für die Botschaft von Jesus dem Christus.

Dieser universale eschatologische Horizont ging dem Christentum in der weiteren Geschichte weitgehend verloren. Die Enteschatologisierung ist verbunden mit der Hellenisierung des Christentums. In dem Augenblick, da das junge Christentum den jüdischen Raum überschritt, mußte es sich nämlich aufgrund seines universalen Anspruchs einlassen auf die Auseinandersetzung mit der Welt des Hellenismus und dem universalen Anspruch von deren Logos-Philosophie. Diese Hellenisierung bedeutet an sich keine Korrumpierung des Christentums, sondern zeigt nur, daß dieses von der damaligen Kultur lebendig angeeignet wurde. Illegitim wäre sie nur, wenn das Christentum dabei innerlich durch den Hellenismus überwältigt worden wäre. Die Gefahr, in dem allgemeinen Synkretismus der damaligen Zeit aufzugehen, war nicht gering, und es gehört zu den überragenden Leistungen der altkirchlichen Dogmenentwicklung, daß sie die Grenze zwischen legitimer und illegitimer Hellenisierung aufs ganze klar erkannt und eingehalten hat. Aufgrund einer solchen „Anknüpfung im Widerspruch" kamen die altkirchlichen Konzilien, besonders Nikaia (325) und Chalcedon (451), zu der Lehre: Jesus Christus ist wahrer Mensch und wahrer Gott, unvermischt und ungetrennt.

Der Preis, der für diese lebendige Rezeption des Christentums gezahlt werden mußte, war freilich hoch genug. An die Stelle des lebendigen Gottes der Geschichte, wie ihn das Alte und das Neue Testament bezeugten, trat in der Folge weitgehend ein Gottesverständnis, das durch den Gedanken der Unveränderlichkeit und der Leidensunfähigkeit (apatheia) Gottes bestimmt war. Dieser griechische Gottesbegriff ließ es kaum mehr zu, von einer Mensch*werdung* Gottes oder gar von einem Leiden und Sterben Gottes zu sprechen. Die Christusbotschaft, deren Anliegen es doch sein mußte, zu sagen, daß Gott ein Gott der Menschen ist, der sich in Jesus Christus ganz eingelassen hat in die Fährnisse und Gefährdungen des menschlichen Lebens, der selbst die Sinnlosigkeit des Todes auf sich genommen hat, um uns dadurch zu erlösen, war damit in der Gefahr, um ihren inneren Sinn gebracht zu werden. Durch eine solche ungeschichtliche, ihres eschatologischen Horizontes weitgehend beraubte Christologie verlor das Christentum vieles von dem Zupackenden seiner Zukunftsperspektive. Es wurde oft zu einer rein bewahrenden Macht.

Die in der altkirchlichen Lehrentwicklung vollzogene Synthese von Antike und Christentum ist zur Grundlage der gesamten abendländisch-westlichen Kultur geworden. Es ist deshalb kein Zufall, daß heute, wo sich unter Krisen eine neue Epoche der Geschichte andeutet, auch die altkirchlichen Dogmen wieder kritisch in Frage gestellt werden. Der universale Anspruch des Christentums bedeutet ja, daß es an keine bestimmte Kultur ausschließlich und endgültig gebunden ist. Es kann darum heute seine Identität und Kontinuität nur durch einen tiefgreifenden geschichtlichen Wandel hindurch bewahren. Deshalb versuchen gegenwärtig viele protestantische wie katholische Theologen (K. Barth, K. Rahner, H. U. v. Balthasar, W. Pannenberg, E. Jüngel, J. Moltmann, H. Küng, H. Mühlen, W. Kasper) nicht ohne Anregung durch die Philosophie des deutschen Idealismus (Fichte, Schelling, Hegel), wieder deutlicher den lebendigen Gott des Alten und Neuen Testaments zur Geltung zu bringen, der nicht in unerreichbarer Höhe unberührt über den Schrecken der Geschichte thront, der sich vielmehr in Jesus Christus als ein Gott der Menschen gezeigt hat und dessen tiefstes Wesen ein für allemal am Kreuz offenbar geworden ist. Seine Transzendenz ist nicht als räumliche Ferne, sondern als unbegreifliche und unverfügbare Freiheit in der sich selbst entäußernden Liebe zu verstehen. Aufgrund der so verstandenen Transzendenz ist er zugleich ganz immanent; er begegnet uns in Jesus als unser Bruder und in allen Brüdern, besonders im Leiden der Hungernden, Kranken, Zerschlagenen und Verfolgten.

Zusammenfassend läßt sich sagen: Nach christlicher Überzeugung hat sich in Jesus Christus der tiefste Sinn allen Seins, das alles umfassende und alles durchdringende Geheimnis der Wirklichkeit, das wir Gott nennen, als sich selbst mitteilende und entäußernde Liebe erwiesen. Sie ist gerade, indem sie sich frei wegschenkt, bei sich selbst; indem sie sich mit dem andern ihrer selbst verbindet, setzt sie dieses frei. Seinen höchsten Ausdruck hat dieser Glaube in der Trinitätslehre gefunden. Sie ist, richtig verstanden, kein Tritheismus (Drei-Götter-Lehre) und damit kein Rest eines unaufgeklärten Polytheismus, sondern das zusammenfassende Bekenntnis, daß Gott sich in Jesus Christus zugleich als unser Herr und als unser Bruder gezeigt hat und daß er uns durch den „Geist" in allen Brüdern begegnet. In einem umfassenden Sinn kommt das Neue Testament am Ende seiner Entwicklung zu der Aussage: „Gott ist die Liebe."

## III

In der Geschichte des Alten und des Neuen Testaments, besonders in deren einmaliger Verdichtung im Geschick von Jesus Christus, wird das christliche Verständnis der Welt und des Menschen offenbar. In der Botschaft von einer konkreten Geschichte erhebt das Christentum also einen universalen Anspruch. Das Christentum kann diesen universalen Anspruch nicht abstrakt beweisen, sondern nur konkret bezeugen; es kann an den andern nur appellieren und ihn einladen, sich auf diese Geschichte einzulassen, um im Tun der Wahrheit deren innere Evidenz dadurch zu erfahren, daß sie sich an den Phänomenen der Wirklichkeit bewährt. Das Christentum versteht sich darum nicht als eine Philosophie oder sonstige Theorie neben anderen Philosophien und Theorien. Es versteht sich auch nicht als die wahre Philosophie, sondern als Botschaft (Evangelium), das mit der von ihr bezeugten Geschichte steht und fällt. Es ist die Einheit von Akt und Sein, Sein und Zeit (Geschichte). Theologische Sätze sind deshalb Auslegungen einer Erfahrung, die der Glaube mit der menschlichen Erfahrung gemacht hat. Im folgenden sollen drei solcher Erfahrungen mit der Erfahrung theologisch expliziert und dabei drei Grundstrukturen des Christlichen herausgestellt werden.

Die erste grundlegende Erfahrung des Glaubens in der Begegnung mit der Wirklichkeit ist die Erfahrung von dessen Universalität. Sie hat sich lehrmäßig im *Schöpfungsglauben* niedergeschlagen. Ausdrücklich drängte sich diese Überzeugung im Alten Testament erst auf, als Israel im 7./6. Jahrhundert v. Chr. in Berührung und Konflikt kam mit den damaligen Weltmächten (Ägypten, Assur, Babylon) und mit deren Kosmogonien. Der Glaube Israels an die geschichtliche Führung Gottes und seine Hoffnung auf das Kommen der endgültigen Herrschaft Gottes mußte sich in dieser äußerst bedrängten Situation bewähren durch seine universale Ausweitung: Gott ist Herr über alle Völker und über ihre Götter; er ist Herr über alle Wirklichkeit, Herr auch über Leben und Tod; weil alles, was ist, ihm untertan ist, weil alles nur durch ihn ist und weil es keine ihm vergleichbare Gegeninstanz gibt, darum kann man sich glaubend und hoffend ganz auf ihn verlassen. Die Lehre von der Schöpfung aus Nichts war nur die negative Formulierung der positiven Aussage von der universalen Herrschaft Gottes. Sie besagt also gerade nicht, Gott habe die Welt aus dem Nichts als einer von ihm vorausgesetzten Materie geschaffen; um die absolute Souveränität Gottes über alle Wirklichkeit zum Ausdruck zu bringen, behauptet sie vielmehr das Nichts aller Voraussetzungen. Es soll also gesagt werden: Gott hat die Welt aus der unableitbaren Freiheit seiner Liebe heraus ins Dasein gerufen. Deshalb ist die Wirklichkeit ganz und gar von Gott abhängig, verdankte Wirklichkeit, und doch auch von Gottes Liebe freigesetzte, eigenständige Wirklichkeit.

Der Schöpfungsglaube entstand also als Konsequenz und als Begründung des biblischen Geschichtsglaubens. Daraus ergibt sich, daß die Aussage, die Welt sei Schöpfung Gottes, keine kosmologische Theorie darstellt, die man etwa der Evolutionstheorie entgegensetzen oder auf einer Ebene mit dieser harmonisieren könnte. Erschaffung als theologische Kategorie und Entwicklung als naturwissenschaftliche Kategorie beantworten gar nicht dieselbe Frage. Entwicklung bezieht sich auf immer schon vorausgesetzte Wirklichkeit; ihr geht es um das Wie ihrer Veränderung aus immanenten Kräften. Die biblischen Schöpfungsaussagen benützen selbstverständlich Aussagen über das Wie, die sich aus dem damaligen Weltbild ergaben; ihrer Intention nach wollen sie jedoch nicht das Wie erklären, sondern die tiefere und umfassendere Frage beantworten, warum überhaupt etwas ist; ihnen geht es also nicht um das Wie der Entstehung und Entwicklung, sondern um das Daß einer Wirklichkeit, die kontingent und deshalb nicht notwendig ist und die den zureichenden Grund ihrer Existenz nicht in sich selbst hat.

Mit der Schöpfungsaussage bekennt sich das Christentum zu einem Wirklichkeitsverständnis, das jenseits der Alternativen von

Monismus und Dualismus liegt. Die Wirklichkeit, besonders die Materie und der Leib des Menschen sind im Sinn des christlichen Schöpfungsglaubens kein böses Gegenprinzip zu Gott, sondern von Gott gewollte und gutgeheißene Wirklichkeit, eine Wohltat Gottes. Damit vollzieht der Schöpfungsglaube eine Entdämonisierung der Wirklichkeit. Auf der anderen Seite erklärt er die Wirklichkeit jedoch auch nicht monistisch. Sie ist kein Ausfluß (Emanation) Gottes; als Schöpfung aus dem Nichts ist sie radikal von Gott als dem Schöpfer unterschieden. Das bedeutet eine Entdivinisierung und Entmythologisierung der Welt und die Grundlegung eines „weltlichen“ Verständnisses der Welt. Bereits der erste Schöpfungsbericht degradiert deshalb die im ganzen sonstigen Alten Orient als göttlich verehrten Gestirne zu bloßen Lampen; nicht der Mensch hat ihnen zu dienen, vielmehr haben sie dem Menschen zu dienen, indem sie ihm leuchten und ihm die Zeiten anzeigen. So rückt der Mensch schon nach dem Alten Testament in die Mitte bzw. an die Spitze der Schöpfung. Gerade die Unterscheidung von Gott und Welt und die darin gelegene Entmächtigung des Mythos ermächtigten also die Wirklichkeit zu ihrer geschöpflichen Eigenständigkeit. Dies unterscheidet den christlichen Glauben vom Aberglauben. Gerade weil der Glaube Gott und Welt unterscheidet, setzt er nicht wie der Aberglaube Gott anstelle innerweltlicher Kausalitäten; gerade weil er Gott ganz Gott sein läßt, kann er auch die Welt ganz Welt sein lassen. Diese Konsequenzen gezogen zu haben, ist die große Leistung der hochmittelalterlichen Scholastik, besonders des Thomas von Aquin. Wenn freilich, wie es in der Neuzeit oft geschah, die Welt nur noch immanent gesehen wird, dann wird sie aufs neue zu einer Letztgröße und damit zum Götzen. Solche dämonischen „Mächte und Gewalten“ sieht die Bibel vor allem in der sich selbst verabsolutierenden politischen Macht (Babel, Rom) wie in der technisch-zivilisatorischen Hybris des Menschen (Turmbau von Babel). Nur wo man die Welt aus der freien und freisetzenden Mitteilung der Liebe Gottes versteht, kann man ihre Würde behaupten, ohne sie ideologisch verabsolutieren zu müssen.

Die im Schöpfungsglauben zum Ausdruck kommende Universalität des christlichen Glaubens gab dem Christentum im Laufe seiner Geschichte die innere Möglichkeit zur weltlichen Verantwortung und zur Weltgestaltung. Daß das Christentum dabei seine eigene Botschaft oft mißverstanden und desavouiert hat, indem es die Freiheit des Menschen und der Welt integralistisch mißachtet und verletzt hat, ist eine historische Tatsache, die man aber von den eigenen Voraussetzungen des Christentums her als Mißbrauch erweisen kann. Ein solcher Mißbrauch läßt sich jedoch nicht dadurch vermeiden, daß sich das Christentum aus der Welt zurückzieht. Aufgrund seines universalen Anspruchs ist es bleibend in Dienst genommen für den Menschen und die Welt. Es erfüllt diese Verantwortung jedoch gerade durch die rechte Unterscheidung von Gott und Welt. Dadurch daß es dem Menschen die unerträgliche Last abnimmt, selber Gott sein zu wollen oder zu müssen, befreit es ihn zu einem menschlichen Menschsein. Gerade weil das Christentum Dank (Eucharistie) gegenüber Gott ist, ist es auch Verantwortung für eine menschlichere Welt.

Im engsten Zusammenhang mit der Erfahrung der Wirklichkeit als Schöpfung steht eine zweite Erfahrung: die Erfahrung der Wirklichkeit als Geschichte Gottes mit den Menschen. Der dafür oft gebrauchte Begriff *Heilsgeschichte* ist mißverständlich und deshalb teilweise verpönt; aber es wurde bisher auch kein besserer und weniger mißverständlicher Begriff in Vorschlag gebracht. Wichtig ist jedoch nicht so sehr der Begriff als solcher wie die Glaubenserfahrung, die er zu umschreiben sucht. Als der freie Herr der Wirklichkeit wird Gott im Alten und im Neuen Testament nicht in einer urzeitlich begründeten und für immer feststehenden Ordnung der Wirklichkeit erfahren; nicht der Kosmos und die Natur, sondern die Erfahrung der Führung Gottes in der Geschichte ist für den biblischen Glauben das Entscheidende. Gott ist nicht eine immer und überall vorhandene, aber nirgends konkret faßbare Tiefendimension der Wirklichkeit; er offenbart sich vielmehr in unableitbarer freier Zuwendung durch geschichtliche Erwählung und Berufung, in Vergebung und Gericht. In der Begegnung mit diesem Gott der Geschichte erfuhr sich der Mensch selber als Gerufener, Erwählter, Gesandter, der zur geschichtlichen Verantwortung herausgefordert ist. Die Kategorien der Freiheit eines jeden Menschen, der Entscheidung, der Verantwortung, der Person, des einzelnen und der geschichtlichen Einmaligkeit und Endgültigkeit sind daher zuerst auf dem Boden der christlichen Heilsgeschichte ausgebildet worden.

Das Christentum hat jedoch nicht den atomisierten und isolierten einzelnen im Auge. Die Bibel sieht den Menschen jeweils in seinen Verflechtungen ins Ganze der Menschheit und ihrer Geschichte. Auch in seiner Begegnung mit Gott, in Heil und Unheil fängt der einzelne Mensch nicht jeweils am Nullpunkt an; er steht vielmehr im solidarischen Zusammenhang von Heil und Unheil aller Menschen. Kategorien wie Erbsünde, allgemeine Auferstehung des Fleisches, Weltgericht sind nur in diesem Zusammenhang zu verstehen. Der mißverständliche Begriff der Erbsünde meint nicht einen biologischen Vererbungsvorgang von sonst isolierten Individuen; er will ernst damit machen, daß die Freiheit des Menschen jeweils eine situierte Freiheit ist, d.h., daß der einzelne Mensch sein Leben nicht völlig autonom und autark entwirft und gestaltet, sondern dabei jeweils zuinnerst mitbestimmt ist durch die gesamte Geschichte der Schuld der Menschheit. Der Solidarität im Unheil entspricht die Solidarität im Heil. Schon die Berufung Abrahams dient dem Segen aller Völker. Israel hat seine Erwählung als Berufung zur Stellvertretung für die Völker verstanden. Die Christen sind nicht privilegierte Heilsanwärter; Christsein bedeuet vielmehr Sendung zum stellvertretenden Dienst am Heil der Welt.

Aus alledem ergibt sich eine Sicht der Wirklichkeit, die nicht von ewigen Ordnungen der Natur bestimmt, sondern vielmehr konstituiert wird durch die Geschichte der Begegnung Gottes mit den Menschen. Diese Geschichte waltet über der Menschheit nicht wie schicksalhaftes tragisches Verhängnis; sie ist Geschichte von Schuld und Gnade, von Gericht und Vergebung. Darum ist die Geschichte Gottes mit den Menschen, besonders die Geschichte, die vom Alten zum Neuen Bund führt, nicht eine linear aufsteigende Fortschrittsgeschichte. Dieses moderne Geschichtsverständnis geht zwar auf biblische Ursprünge zurück, biegt diese jedoch idealistisch oder materialistisch zu einer neuen Art von Naturgeschichte um. Christlich ist die Kontinuität der Geschichte allein in der schöpferischen Treue Gottes in und trotz aller menschlichen Untreue begründet. Daraus ergibt sich ein Verständnis der Geschichte, das man als typologisch bezeichnen kann: die gegenwärtigen und vergangenen Erfahrungen zeigen wie im Spiegel und in schattenhaften Bildern, was wir für die Zukunft erhoffen dürfen; so besteht eine Entsprechung (Analogie) zwischen vergangener, gegenwärtiger und künftiger Geschichte.

Aus der Entsprechung zur bisherigen Geschichte Gottes mit den Menschen müssen auch die eschatologischen Aussagen des Christentums verstanden werden. Sie sind keine antizipierende Reportage, sondern Hoffnungsaussagen im Blick auf die in Jesus Christus endgültig erfahrene Liebe Gottes. Die Hoffnung des Christen richtet sich darum nicht auf die Zukunft (futurum) der in der Wirklichkeit angelegten Möglichkeiten, sondern auf die endgültige Ankunft (adventus) der Herrschaft der Liebe Gottes. Diese Hoffnung verbietet es, einen doppelten Ausgang der Geschichte für Gute und Böse anzunehmen. Aber auch eine billig gedachte Allversöhnung aller Wirklichkeit würde die Geschichte überspielen. Im Blick auf Jesus Christus, der stellvertretend für alle das Gericht auf sich genommen hat, darf der Christ jedoch hoffen, daß Gottes Herrschaft das Heil aller Menschen bringen wird. Solche an Jesus Christus orientierte Hoffnung ist aktiv stellvertretende Hoffnung für alle Menschen.

Die geschichtliche Sicht der Wirklichkeit bedeutet für das Christentum einen nachhaltigen Impuls zur geschichtlichen Verantwortung. Gerade weil der Christ alles von Gott erhofft, kann er in der Kraft dieser Hoffnung alles für die anderen tun. Das Christentum ist darum keine Religion der reinen Innerlichkeit. Eine politische Dimension ist ihm wesentlich. Inwieweit sich daraus eine politische Theologie ableiten läßt (J. B. Metz, J. Moltmann), ist allerdings umstritten. Eher wird man die politische Bedeutung des Christentums in der Kritik aller politischen Theologie sehen müssen. Weil das Christentum alle Geschichte unter dem Zeichen der Herrschaft Gottes sieht, muß es nämlich jedem Versuch widersprechen, daß irgendein Volk, eine Klasse, Rasse oder Gruppe sich zum innergeschichtlichen Subjekt und Agenten der Universalgeschichte inthronisiert. Auch die Kirche darf sich nicht als Theokratie mißverstehen. Mit dieser ideologiekritischen Destruktion jedes politischen Absolutheitsanspruchs dient das Christentum der Humanisierung der Politik. Indem es sagt, daß die letzte Erfüllung der Geschichte nicht geschichtlich machbar ist, wahrt es die unverrechenbare Freiheit des einzelnen, der seine Würde nicht der Brauchbarkeit für ein System, sondern allein Gott verdankt. Freiheit von Gott und Freiheit vor Gott ist jedoch die solidarische Freiheit aller. So ist die Freiheit des einzelnen nur in einer solidarischen Ordnung der Freiheit aller möglich. Mit diesem Standpunkt jenseits der Alternativen von Individualismus und Kollektivismus eignet dem Christentum ein soziales Charisma, aufgrund dessen es der Gerechtigkeit und dem Frieden in der Welt verpflichtet ist. Nach dem Zweiten Vatikanischen Konzil ist das Christentum Zeichen und Sakrament der Einheit aller Völker, Rassen und Klassen. Die christliche Botschaft von der Liebe ist deshalb kein Ersatz für die Gerechtigkeit, sondern deren überbietende Erfüllung.

Die Erfahrung der nichtverrechenbaren Freiheit im Verhältnis von Gott und Mensch in der Geschichte führt zu einer dritten grundlegenden Erfahrung des christlichen Glaubens, die man als Exoduserfahrung bezeichnen kann. Ihre lehrhafte Entfaltung hat sie in der christlichen *Erlösungslehre* gefunden. Erlösung wurde im Alten Testament ursprünglich erfahren als Befreiung aus konkreter Bedrängnis und Not. Am Anfang der biblischen Heilsgeschichte steht der Auszug Abrahams aus dem Land seiner Väter. Als die große Erlösungstat Gottes gilt im Alten Testament die Befreiung und der Exodus (Auszug) aus der ägyptischen Gefangenschaft; sie wurde in der prophetischen Verkündigung zum Typos einer endzeitlichen Befreiung. Im Neuen Testament wurde der Durchzug durch das Rote Meer zum Vorbild des Pascha, d.h. des Durchgangs Jesu durch Tod und Auferstehung. Durch die Taufe glaubt sich der Christ in dieses Geschehen hineingenommen und von der Macht der Sünde und des Todes befreit. Zur Interpretation dieser als Befreiung verstandenen Erlösung wurden sowohl in der Bibel wie in der theologischen Tradition vielfältige allgemeinreligionsgeschichtliche Sühne- und Opfervorstellungen herangezogen. Sie wurden jedoch jeweils korrigierend überboten. Denn nach christlicher Überzeugung geht es in der Erlösung nicht um die Erfüllung eines Systems von Ersatzleistungen, sondern um die Befreiung vom Gesetz solcher Leistungen. Die christliche Erlösungsbotschaft versteht sich nicht als Gesetz, sondern als frei machendes Evangelium, welches das Gesetz durch die Liebe überbietend erfüllt.

Die Gerechtigkeit, d.i. die rechte Ordnung zwischen Gott und Mensch, läßt sich nach christlicher Überzeugung nicht durch ein System von Leistung und Gegenleistung herstellen. Die Exoduserfahrung ist ja die Erfahrung des je Größeren, je Überbietenden und je Neuen der Liebe Gottes. Der Mensch wird dieser Erfahrung nur gerecht, wenn er jedes Rechnen preisgibt und auf jeden Anspruch verzichtet. Dies ist der ursprüngliche Sinn des biblischen Begriffs „glauben". Mit „glauben" ist die Haltung gemeint, die sich nicht auf eigene Leistung und eigenes Können verläßt, sondern ganz und vorbehaltlos auf Gott setzt, ihm die Ehre gibt und darin den Grund der Existenz findet. Ein solcher alle innerweltlichen Maßstäbe preisgebender Glaube ist die einzig sachgemäße Antwort auf die alle Maßstäbe sprengende Erfahrung der Liebe Gottes, die den Menschen befreit aus der Enge seines Egoismus und aus seiner sich selbst sichern wollenden Lebensangst und ihm neue Zukunft in einem Leben sich selbst aufs Spiel setzender Liebe eröffnet. Das Thema vom Überfluß ist darum die eigentliche Definition der Heilsgeschichte (J. Ratzinger).

Dieses Grundgesetz der überbietenden Erfüllung kommt in einmaliger Weise in Kreuz und Auferweckung Jesu Christi zum Ausdruck. Am Kreuz geschieht die gehorsame Selbstenteignung Jesu an die sich selbst entäußernde Liebe des Vaters. Der Akt menschlichen Gehorsams, der in letzter Ohnmacht auch noch die Gottverlassenheit aus- und durchhält, ist so im Grunde die Hohlform, in der unter ihrem Gegenteil verborgen die Allmacht der Liebe Gottes endgültig in der Geschichte zur Herrschaft kommt. Dieses Geschehen kann deswegen nicht als Mythologie bezeichnet werden, weil sich die endgültige Ankunft der Liebe Gottes nicht an der Geschichte vorbei, sondern in und durch einen voll und ganz menschlichen Gehorsam vollzieht. Die klassische Lehre von den zwei Naturen in der einen göttlichen Person Jesu Christi hat diesen Sachverhalt sehr präzise, wenngleich für uns heute mißverständlich umschrieben. Im Unterschied zur traditionellen Theologie versucht man deshalb heute ihn nicht mit den Kategorien der griechischen und scholastischen Philosophie, sondern mit relationalen und personalen Kategorien zu beschreiben. Dadurch werden Kreuz und Auferstehung zum einmaligen und endgültigen Typos des wesentlichsten Grundgesetzes des Christlichen, des Gesetzes der sich selbst überschreitenden Liebe Gottes, die den Menschen zur überbietenden Erfüllung des Gesetzes in der Liebe befreit.

Die durch Jesus Christus eröffnete Geschichte der Herrschaft der Liebe Gottes ist dort erlösende, d.h. befreiende geschichtliche Wirklichkeit, wo sie im Glauben angenommen wird: in der Kirche als der Gemeinschaft der Glaubenden. Nach der Überzeugung aller christlichen Kirchen ist die Kirche durch ihre Verkündigung, ihre Sakramente und durch ihr ganzes Leben, besonders durch ihre Brüderlichkeit, Ort und Zeichen der wirksamen Anwesenheit des Geistes Christi. Als Gemeinschaft in dem einen Geist Christi kann sie ihrem Wesen nach nur die eine Kirche Christi sein. Das Christentum kann darum seine Spaltung in verschiedene sich gegenseitig ausschließende Kirchen nur als Skandal empfinden.

Die entscheidenden Differenzen zwischen den christlichen Kirchen ergeben sich aus einem verschiedenen Verständnis der soeben skizzierten Aussagen über die Vergegenwärtigung der Erlösungswirklichkeit in der Kirche. Die protestantische Tradition betont mehr die Verborgenheit der Kirche, die katholische Tradition deren (sakramental-zeichenhaft verstandene) Sichtbarkeit. Dabei geht jedoch auch die katholische Kirche nicht so weit, daß sie den Geist Christi einfachhin mit ihrer eigenen Institution in eins setzt. Dies ist durch das Zweite Vatikanische Konzil eindeutig geklärt worden. Umgekehrt reißt die protestantische Lehre Geist und Institution nicht beziehungslos auseinander. Gegen diesen Versuch der Schwärmer haben sich die Reformatoren eindeutig abgegrenzt, und Gottes Geist an Gottes „äußerlich Wort und Sakrament" gebunden. Die protestantischen Kirchen betonen jedoch mehr das „ubi et quando visum est" (wo und wann er will) des Sprechens und Handelns Gottes in der Geschichte und in der Kirche. Für die katholische Kirche dagegen ist es kennzeichnend, daß sie die Verbindlichkeit der geschichtlichen Institution der Kirche, ihrer Lehre, ihrer

Sakramente und ihrer Ämter betont und daß sie darin eine zeichenhafte Darstellung und Vergegenwärtigung des konkret-geschichtlichen Sprechens und Handelns Gottes sieht. Deshalb kann man die eschatologische Entschiedenheit als ein Prinzip des Katholischen bezeichnen (H. Schlier), während die Betonung der christlichen Freiheit als Wesensmerkmal des Protestantismus gilt. Auch nachdem in den letzten Jahrzehnten viele Kontroversen und Mißverständnisse abgebaut werden konnten, scheint hier noch ein ernsthafter Dissens zu bestehen, der bisher eine volle Kirchengemeinschaft in Form der Eucharistie- bzw. Abendmahlsgemeinschaft unmöglich gemacht hat.

Vermutlich wird sich der konfessionelle Dissens nicht durch vordergründige Harmonisierungsversuche und isolierte Aktionen überwinden lassen. Als weiterführend könnte sich dagegen eine vertiefte Erfahrung und Theologie des Heiligen Geistes erweisen. Damit kann man auch am ehesten dem Grundanliegen der Kirchen des Ostens gerecht werden. Der Geist ist nämlich das Band der Liebe, die Einheit und Vielheit umgreift, die Bindung in Freiheit und Freiheit in der Bindung besagt. Er ist der letzte Grund und der zusammenfassende Ausdruck des Gesetzes der überbietenden Erfüllung in der Liebe. Ausgehend von einer Theologie des in der Kirche wirksamen Geistes Christi müßten sich deshalb die konfessionellen Engführungen überwinden und doch gleichzeitig deren berechtigte Anliegen bewahren lassen. Das heißt nicht, daß es in einem in Zukunft hoffentlich möglichen nachkonfessionellen Zeitalter jemals eine reine Geistkirche geben könnte. Der Überschritt vom Buchstaben zum Geist muß vielmehr immer wieder neu getan und die Spannung zwischen Bewahrung und Erneuerung, Charisma und Institution immer wieder neu ausgehalten werden. Nur durch diesen beständigen Exodus entspricht die Kirche dem Gesetz der überbietenden Erfüllung.

## IV

Ein solcher Exodus wird im gegenwärtigen Umbruch von den christlichen Kirchen nicht nur zur Überwindung ihrer konfessionellen Differenzen, sondern noch viel mehr im weltweiten Maßstab in der Begegnung mit den Kulturen aller Völker und deren Religionen gefordert. Die Universalität der christlichen Botschaft verbietet es, in diesen Religionen nur Lug und Trug am Werk zu sehen und zu übersehen, daß sich in ihnen Spuren und Fragmente (logoi spermatikoi) der Wahrheit und der Wirklichkeit Gottes finden. „In dem tastenden Suchen der Menschheit nach Gott lebt das tastende Suchen Gottes nach der Menschheit“ (Holländischer Katechismus). Aufgrund seiner heilsgeschichtlichen Perspektive erkennt und kritisiert das Christentum in den Religionen einerseits Depravationen des Göttlichen wie des Menschlichen; auf der anderen Seite darf es in ihnen jedoch auch Zeichen des universalen Heilswillens Gottes, seiner geschichtlichen Führung (paidagogia) und Zeichen der Wirksamkeit des Geistes sehen. Denn „jede Wahrheit, von wem auch immer verkündet, kommt vom Heiligen Geist“ (Ambrosius). Deshalb gibt es nach christlicher Überzeugung für jeden Menschen eine objektive Möglichkeit des Heils, wenn er den Willen Gottes so erfüllt, wie er ihn in seiner konkreten Situation in seinem Gewissen erkennen kann. In diesem Verhältnis des Ja und des Nein zu den Religionen (H. Fries) versteht sich das Christentum als deren überbietende Erfüllung. Aber auch das Christentum selbst kann seine „Fülle“ konkret-geschichtlich erst erreichen, wenn es seine bisher fast ausschließlich westliche Form überschreitet und den Reichtum der Völker und ihrer Religionen in sich aufgenommen hat.

Nur in diesem größeren Zusammenhang kann man den viel diskutierten Absolutheitsanspruch des Christentums richtig verstehen. Dieser sehr mißverständliche Begriff stammt ursprünglich aus der idealistischen Philosophie und nicht aus der christlichen Theologie. Er ist deshalb nur vermittelst einer theologischen Neuinterpretation brauchbar. Der Sache nach ist mit ihm gemeint, daß das Christentum in Jesus Christus die endgültige, wesensgemäß nicht mehr überbietbare, universale Geltung beanspruchende Selbsterschließung Gottes in seiner Liebe zu allen Menschen erkennt. Recht verstanden, beinhaltet dieser Begriff also nicht fanatische Enge und Intoleranz, sondern gerade umgekehrt eine Verheißung für alle und darum eine Verpflichtung zum Dienst für alle. Heute wird ziemlich allgemein zugegeben, daß aus dieser Einsicht eine Änderung der Missionspraxis aller Kirchen und eine mehr dialogische Gestalt ihrer Mission folgen müßte. Es geht in der Mission nicht in erster Linie um die Rettung einzelner „Seelen“ und noch weniger um eine bloße Ausbreitung der Kirche. Es geht vielmehr um eine Einpflanzung des Christentums. Dies meint mehr als methodisch-pädagogische Adaptionen; es geht um einen schöpferischen Prozeß, in dem in einer jeweils unableitbaren und unplanbaren Weise eine neue Gestalt des Christentums, ein indisches, chinesisches, afrikanisches Christentum, entstehen kann. In einer solchen schöpferischen Begegnung mit den Völkern und ihren Religionen kann das Christentum einen Beitrag leisten zur Versöhnung und zum Frieden unter den Völkern.

Was also ist Christentum? Auch abschließend können wir sein Wesen nicht in eine Definition zwingen. Definitionen beschreiben ja wesensnotwendige Sachverhalte. Das Christentum ist aber charakterisiert durch das Thema vom Überfluß und durch das Gesetz der überbietenden Erfüllung. Der christliche Gott ist nicht notwendig, aber er ist mehr als notwendig (E. Jüngel). Gerade in seiner Nicht-Definierbarkeit ist das Christentum eschatologisches Zeichen der alles überbietenden Freiheit Gottes in der Liebe. Als dieses Zeichen muß sich das Christentum dadurch erweisen, daß es in einer sich verändernden Welt mithilft, Einheit in der Vielheit, Freiheit in Bindung, Gerechtigkeit durch Liebe zu verwirklichen. Gerade weil es Bekenntnis zu der durch Jesus Christus offenbaren alles überbietenden Liebe Gottes ist, nimmt es in Dienst für eine alles Recht und alle Gerechtigkeit überbietenden Sorge um eine menschlichere Welt. Statt sein Wesen zu definieren, müssen wir deshalb versuchen, seine sich ständig überbietende Geschichte lebendig zu erzählen und heutig zu verwirklichen.

## Literatur


*G. Ebeling*, Das Wesen des christlichen Glaubens, Tübingen 1959.

Evangelischer Erwachsenenkatechismus. Kursbuch des Glaubens. Im Auftrag der Katechismuskommission der Vereinigten Evangelisch-Lutherischen Kirche Deutschlands. Hrsg. von W. Jentsch, H. Jetter, M. Kießig und H. Reller, Gütersloh 1975.

*R. Guardini*, Das Wesen des Christentums, Würzburg $^{5}$1958.

Katholischer Erwachsenenkatechismus. Das Glaubensbekenntnis der Kirche. Hrsg. von der Deutschen Bischofskonferenz, Limburg u. a. 1985.

*W. Kasper*, Einführung in den Glauben, Mainz $^{7}$1983.

*A. Kallis*, Orthodoxie – was ist das?, Mainz 1979.

*H. Küng*, Christ sein, München 1974, $^{10}$1980.

*H. Küng u. a.*, Christentum und Weltreligionen. Hinführung zum Dialog mit Islam, Hinduismus und Buddhismus, München 1984.

*J. Moltmann*, Der gekreuzigte Gott. Das Kreuz Christi als Grund und Kritik christlicher Theologie, München 1972.

Neues Glaubensbuch, hrsg. von Feiner und Vischer, Der gemeinsame christliche Glaube, Freiburg i. Br. $^{2}$1973.

*K. Rahner*, Grundkurs des Glaubens. Einführung in den Begriff des Christentums, München 1976, $^{11}$1979.

*J. Ratzinger*, Einführung in das Christentum, München $^{12}$1977.

# Diskussionsnotiz

Was dem, der Orientierung sucht, zunächst als Christentum entgegentritt, ist die Kirche und das Leben der Christen. Das ist die Praxis, die Wirklichkeit. Zu ihr gehört eine Geschichte, die wenig erfreulich verlief. Wenn wir heute eine theoretische, sehr abstrakte, schattenlose Darstellung gehört haben, so bleibt das in großer Entfernung von dem, was in der Praxis geschieht und geschehen ist. In der Richtung dieses Einwands sind sich ein evangelischer Schüler und ein alterfahrener Katholik in leitender weltlicher Stellung einig. Während jener zum Fazit seiner Generation gelangt, das Christentum habe „verspielt", fragt doch auch dieser, ob die Art, wie wir leben, in der gegebenen Darstellung erscheine, ob etwa Leute in Bangkok sie zusammenbringen könnten mit dem, was ihnen als Christentum begegnet.

Allgemein wird der Referent gebeten, näher zu begründen, warum ein Christentum ohne Kirche scheitern muß. Der Referent stellt klar, daß er die christliche Sache von seinem Fach aus dargestellt habe, der systematischen Theologie, und nicht als Religionssoziologe. Da auch von den anderen Religionen im wesentlichen nur Ideogramme gegeben werden können, wird so jedenfalls vermieden, Heterogenes zu konfrontieren, nämlich die Theorie des Fremden mit der Praxis des Eigenen. Beim Christentum wäre das sogar besonders verkehrt, weil es radikaler als andere Religionen Wert und Güte des menschlichen Handelns in Frage stellt, dafür aber als das Entscheidende noch etwas anderes kennt.

Es wird aber auch die Praxis – sogar die des Hörerkreises – so beurteilt, daß darin jedenfalls einiges von dem, was das Ideogramm zeichnet, auch erscheine. Allgemein empfiehlt der Referent, sich darauf zu besinnen, daß die Geschichte des Christentums nicht nur die der Päpste ist, sondern auch die der Heiligen, darunter solcher, die, auch an der derzeitigen verkürzten Wertskala gemessen, als glaubensmutige Wegbereiter der Brüderlichkeit imponieren müßten.

Die Kirche weiß und ist darin mit ihren Verächtern einig, daß die Glaubenswahrheit überhaupt nur richtig verstanden wird, wenn sie konkret getan wird. Sie versteht sich nur deshalb als das Volk Gottes, weil sie die Verwirklicher, oft nach einer sachbedingten Latenzzeit, einmütig liebt und ehrt.

Dem Christen ziemt der Selbstruhm nicht, auch nicht in korporativer Form. Worauf wir den Gutwilligen, der sich unter den Lebensvorschlägen orientieren will, aufmerksam machen können, das sind die Geschehnisse, die Verhaltensweisen und die Bestände von Gestaltgewordenem, die wir als Erscheinungsformen des Heiligen Geistes interpretieren. Er – nicht Christus – ist das Erste für den jeweiligen Gegenwartsmenschen. Aber die Lehre von ihm stellt freilich einen weißen Fleck dar: Ludwig Raiser betont, daß das auf evangelischer Seite nicht anders als vom Referenten gesehen wird und daß man hier auf den Mut hofft zu einem gemeinsamen Schritt nach vorn.

Als konkret tätige Brüderlichkeit kann der Heilige Geist inkognito wirken. Wo es aber angezeigt ist, gibt er seine Herkunft zu erkennen, gibt Zeugnis von dem Gekreuzigten und von der Macht, die diesen dennoch nicht zuschanden werden ließ. Obschon der Geist für die Welt da ist, ist er doch auch Geist der instituierten Kirche und der Gemeinschaft der Glaubenden. Denn das Mysterium seines Ursprungs zu vergegenwärtigen, indem sie es feiert und lehrt, ist die Leistung der gebauten Kirche; und die christliche Sache bedarf des Austauschs unter denen, die von ihr ergriffen sind.

Das Mysterium seines Ursprungs: das Leiden eines Menschen, der der absoluten Verehrung würdig ist – schuldlos, stellvertretend, den unbedingten Trost in die Welt bringend, den Geist der Vergebung. „Wenn ich nicht hingehe, kann der Geist, der Tröster, nicht kommen". – Das wird in der Diskussion nicht näher entfaltet. Unterstrichen wird, wie schwer es dem griechischen Geist fiel, die Botschaft anzunehmen: „Einer aus der Trinität hat gelitten" (skythische Mönche). Nicht als mythische Gottheit, das gab es längst, sondern real, menschlich. Daß die Christenheit des ersten Jahrtausends nur Christus den Weltherrscher, nicht aber den Gekreuzigten und Gestorbenen abgebildet hat und dieser also vorerst der biblia pauperum vorenthalten blieb, erklärt der Referent weniger daraus, daß man sich gegen eine menschliche Leidensgestalt der Gottheit wehrte, als mit dem kirchengeschichtlichen Gegenschlag gegen eine Lehre, die dem Menschen, der für die Menschen gelitten hat, doch nicht die absolute Verehrbarkeit – Wesensgleichheit also mit Gott – hatte zusprechen wollen (Irrlehre des Arius).

Mehr als jede andere Religion lehrt das Christentum den Menschen seine Nichtigkeit zugleich mit seiner Größe. Demut ist die spezifische christliche Haltung. Sie anerkennt unser Unvermögen, uns das Eigentliche zu verschaffen, trachtet nicht nach Selbsterlösung, wie sie die östlichen Religionen vorschlagen; sie erbittet und dankt. Aber wiederum können und also sollen wir Kinder Gottes, Teilhaber der göttlichen Natur sein. Dieser Gedanke war zwar den Griechen annehmbar, ja vertraut, und er ist den östlichen Religionen auf ihre Art nicht fremd. Aber die strengen Monotheismen, Judentum und Islam, sehen in der christlichen Aufhebung des unendlichen Unterschieds zwischen Gott und Mensch eine Verirrung. Wir hingegen glauben, daß die Größe des Anspruchs, zugleich Zutrauen und Zumutung, die Wahrheit des Christentums mit ausmacht. Die ernst genommene Lehre von der Menschwerdung besagt eben dies: „Gott ist in Jesus Christus geworden, was wir sind, damit er uns vollkommen zu dem mache, was er ist" (Irenäus). – Der Referent, gefragt, ob also nicht sein Satz über „die unerträgliche Last, selber Gott sein zu wollen oder zu müssen", die das Christentum „dem Menschen abnimmt", ergänzungsbedürftig sei, erläutert, was Demut ist: Der Mensch ist aus sich nichts, aber alles von Gott her. Es ist ihm alles geschenkt, und in der Weise des Geschenks kann er Höchstes von sich sagen: Ebenbild Gottes schon im Alten Testament, und gesteigert, wenn man von der Schöpfungs- zur Erlösungsordnung weitergeht: consors divinae naturae. Glauben ist die Haltung, daß wir Gott gegenüber keinen Anspruch haben, keine Leistung erfüllen können, daß uns aber zugleich alles möglich ist, daß Gottes

Kraft, Gottes Wesen in unserer Schwachheit präsent sein kann. Die radikalste Form des Glaubens, Christi Gehorsam am Kreuz, ist die Hohlform für Gott. – Dieses Gleichnis des Referenten gefällt.

### *Einzelpunkte*

„Die Depravationen des Göttlichen und des Menschlichen", wie sie kritische christliche Erkenntnis, auch nach der Erweiterung unseres Blicks und Ablegung eines voreiligen Hochmuts, in den anderen Religionen feststellen muß, dürfen uns nicht abhalten, von ihnen zu lernen. Nicht nur darf das Christentum sich niemals mit bestimmten Völkern, Rassen und Kulturen identifizieren; nicht nur dürfen wir die anderen nicht erst zu Abendländern machen wollen, um sie zu Christen machen zu können. Vielmehr haben wir uns ganz auf die anderen einzulassen. So haben wir uns auch nicht nur von ihren Fragen bewegen zu lassen, sondern es sind ihre Erfahrungen mit dem Göttlichen, die uns angehen, uns belehren können. Der Referent erinnert, daß der Satz: extra ecclesiam non est salus (Cyprian, Origenes) nur solchen gilt, die Christen sind und in der Gefahr, aus der Kirche hinauszustreben. Was im Holländischen Katechismus von den nichtchristlichen Wegen gesagt ist, trifft die Sache*. –

Unser Verhältnis zum Judentum kann nicht mit dem zu irgendeiner sonstigen Religion gleichgesetzt werden. Ihm sind wir bleibend verpflichtet. Das Christentum versteht sich als die Erfüllung der prophetischen Verheißung des Alten Bundes. Die Geschichte, die es selbst nicht nur hat, sondern ist, kommt von Moses und Abraham her, unser Neubeginn war abermals ein Exodus ins Freie, der die verengenden Folgen des mosaischen Auszugs sprengte, und wieder vollziehbar machte, was dem Abraham bei dem seinigen gesagt worden war: In dir sollen alle Völker gesegnet sein.

Die Dogmen werden heute ebenso als Besonderheit wie als Belastung des Christentums empfunden. Martin Buber hat das Christentum geradezu als den Daß-Glauben einer anderen, ursprünglicheren Glaubensweise entgegengestellt. Es war im Rückblick eine unglückliche Wendung, als die Glaubensbekenntnisse den Akzent bekamen: Dies ist der Glaube; wer ihn nicht glaubt, kann nicht gerettet werden. Zuvor hatte es einfach geheißen: Wir bekennen. Harnack hat von den Dogmen gesagt, sie seien nicht die eigentliche Sprache des Glaubens, sondern eine ihm abgenötigte. Aber zudem waren sie von Haus aus die Sprache der Anbetung; man wußte, daß es die lex orandi

---

* „Es scheint, als ob die Wahrheit Christi auch in den eigenen Elementen dieser Lebensanschauungen wirksam sei. Oft erscheinen dort hellerleuchtete Teilwahrheiten des allgemeinen katholischen Glaubens. Sie werden bisweilen einseitig, bisweilen aber auch beschämend intensiver als bei uns gelebt: der totale Einsatz beim Hinduisten, die Sanftmut des Buddhisten, die Hingabe des Muslim, die Sorge für die Erde beim Humanisten, die Leidenschaft für Gerechtigkeit beim Marxisten.
So darf man sagen, daß in gewisser Hinsicht die nichtchristlichen Wege uns, den Christen, Stücke evangelischer Wahrheit neu vorhalten. So betrachtet, predigen sie uns manchmal das Evangelium."

ist, von der die lex credendi sich ableitet. Man formte im Bekenntnis, was man von und vor Gott singen wollte. –

Es muß gesehen werden, daß der christliche Impuls zwar sogleich mitmenschlich ist, sich aber in seiner Urform nicht auf Änderung sozialer Strukturen richtet, sondern den Menschen im wörtlichen Sinn auf seinen Nächsten weist. In einer Zeit, da der soziale Verbesserungswille die Grenzen der Machbarkeit verkennt, wird zu erinnern sein, daß der Christ im Konfliktsfall die 99 Schafe in der Wüste läßt, um das verirrte eine zu suchen. Jedenfalls wäre es keine Auslegung des Schriftwortes mehr, kann aber allerdings die Anerkennung eines neuen Impulses des Einen Geistes sein, wenn sich heute die christlichen Energien unmittelbar auch auf eine menschlicher eingerichtete Menschenwelt richten.

# Zeittafel

| | |
|---|---|
| ca. 7/6 v. Chr. bis 30 n. Chr. | Leben und Auftreten Jesu von Nazareth |
| ab ca. 32 | Wirken und Missionsreisen des Apostels Paulus |
| um 48/49 | „Apostelkonzil" in Jerusalem: Freiheit vom jüd. Gesetz |
| um 64–67 | Martyrium der Apostel Petrus und Paulus in Rom |
| ca. 150 | Abschluß der Entstehung des Neuen Testaments |
| 3./4. Jh. | Zeit der großen Christenverfolgungen |
| 313 | Mailänder Edikt des Konstantin; Christentum erlaubte Religion |
| 325 | I. ökumenisches Konzil in Nikaia: Christus wahrer Gott |
| 380 | Edikt des Theodosius: Christentum Staatsreligion |
| 451 | IV. ökumenisches Konzil in Chalcedon: Christus wahrer Gott und wahrer Mensch |
| um 480–547 | Benedikt von Nursia: Begründer des abendländischen Mönchtums |
| 754 | Pippinische Schenkung: Anfänge des Kirchenstaates |
| 800 | Kaiserkrönung Karls d. Gr.: Anfänge des Heiligen Römischen Reiches Deutscher Nation |
| 1054 | Endgültiges Schisma zwischen Ost- und Westkirche |
| 1077–1122 | Investiturstreit: Auseinandersetzung um d. Freiheit v. Kirche u. Reich |
| 1096–1270 | Zeitalter der Kreuzzüge |
| 1215 | IV. Laterankonzil: Höhepunkt päpstl. Machtentfaltung |
| 1309–1377 | „Babylonische Gefangenschaft" der Päpste in Avignon |
| 1378–1417 | Abendländisches Schisma |
| 1517 | Ablaßstreit und Beginn der Reformation durch Martin Luther |
| 1522 | Reformation in Zürich durch Zwingli |
| 1536–64 | Reformation in Genf durch Calvin |
| 1545–63 | Konzil von Trient: Abgrenzung gegen Reformation und Selbstreform der katholischen Kirche |
| 1555 | Augsburger Religionsfrieden |
| 1869–70 | Erstes Vatik.Konzil: Primat und Unfehlbarkeit des Papstes |
| 1875 | Gründung des Reformierten Weltbundes |
| 1927 | Erste Weltkirchenkonferenz „Faith and Order" in Lausanne |
| 1947 | Gründung des Lutherischen Weltbundes |
| 1948 | Erste Vollvers. des Ökum. Rates der Kirchen in Amsterdam |
| 1961 | Erste panorthodoxe Konferenz auf Rhodos |
| 1962–65 | Zweites Vatikanisches Konzil: Innere Erneuerung und ökumenische Öffnung der katholischen Kirche |

# Vergleichende Zeittafel

| Hinduismus | Buddhismus | Judentum | Christentum | Islam |
|---|---|---|---|---|
| ca. 1500 Rigveda | | | | |
| ab ca. 1200 vedische Literatur | | etwa 1220–1180 Moses, Auszug aus Ägypen, Landnahme unter Josua | | |
| | | 1180–1012 Richter<br>1004–965 David<br>965–928 Salomo | | |
| | | ab 760 Propheten | | |
| ab ca. 600 älteste Upanishaden | | 586 1. Zerstörung Jerusalems, Babylon. Exil. | | |
| | 560–480 Der Buddha | | | |
| ab ca. 500 Entstehung der Dharmasutras und der 6 orthodoxen Systeme | | 485 Priesterkodex<br>450 Nehemia | | |
| ab ca. 400 Entstehung des Mahabharata | | 400 (?) Esra | | |
| | 272–236 Kaiser Ashoka der Fromme | | | |
| ab ca. 200 Bhagavadgita u. a. philosophische Schriften | | 166–37 Makkabäer | | |
| 2. Jh. v. Chr.–6. Jh. n. Chr. Expansion des Hinduismus nach Südostasien und Indonesien | 1. Jh. Entstehung des Mahayana | | ca. 7/6 Geburt Christi | |
| | | | ca. 7/6–30 Jesus von Nazareth | |
| | | 70 2. Zerstörung Jerusalems | ca. 32–65 Wirken des Apostels Paulus | |
| | | 132 Bar-Kochba-Aufstand | ca. 150 Abschluß des Neuen Testaments | |

| Hinduismus | Buddhismus | Judentum | Christentum | Islam |
|---|---|---|---|---|
| | | ca. 200 Redaktion der Mischna | | |
| ca. 300 die ersten Puranas | | | 3./4. Jh. Große Christenverfolgungen<br>325 Konzil in Nicaea<br>341 Wulfilas Gotenbekehrung<br>380 Christentum Staatsreligion im Römischen Reich | |
| 400 Kalidasa | | 390 Redaktion des palästinensischen Talmud | 451 Konzil in Chalcedon<br>496 Chlodwigs Taufe | |
| 500 Aufkommen des Tantrismus und Shaktismus | Ende 4. Jh. Asanga, Gründer der Yogacara-Schule<br>552 Buddhismus nach Japan | 500 Redaktion des babylonischen Talmud | | |
| 7. Jh. Hohe Blüte des Vedanta<br>7./8. Jh. Shankara | 642 Buddhismus nach Tibet<br>7. Jh. Verfall des indischen Buddhismus | | | um 570 Geburt Mohammeds<br>622 Hidschra<br>635–642 Eroberung des Vorderen Orients<br>711–714 Eroberung Spaniens<br>732 Schlacht von Poitiers |
| | 850 Angkor, Borobudur | | 800 Kaiserkrönung Karls d. Gr., Anfänge des Hl. Römischen Reiches Deutscher Nation<br>863 Beginn der Slawenbekehrung | |
| 1050 Ramanuja | | 1000 Verlagerung der Zentren vom Orient nach Europa | 1054 Endgültiges Schisma zwischen Ost- und Westkirche | 1058–1111 Al-Ghazzali |
| | 12. Jh. Ende des indischen Buddhismus | | 1077–1122 Investiturstreit<br>1096–1270 Kreuzzüge | 1096–1270 Kreuzzüge |
| | | 12.–13. Jh. Judenverfolgungen | 1225–1272 Thomas von Aquin | 1187 Rückeroberung Jerusalems durch Saladin |

| | | | | |
|---|---|---|---|---|
| | 14. Jh. „Gelbe Kirche“ | | | 1453 Einnahme von Konstantinopel |
| ca. 1496 Geburt Guru Nanaks<br>1498 Vasco da Gama landet in Indien | | 1492–1497 Vertreibung von der Iberischen Halbinsel | 1492 Entdeckung Amerikas<br>1498 Seeweg nach Indien | 1492 Ende der islamischen Herrschaft in Spanien |
| 1526 Beginn des Moghul-Zeitalters | 15. Jh. Ende des Buddhismus in Indonesien | | 1517 Beginn der Reformation<br>1555 Augsburger Religionsfrieden<br>1618–1648 Dreißigjähriger Krieg<br>1620 Landung der Pilgerväter in Massachusetts | 1526 Baber gründet Moghulreich |
| 1757 Britische Herrschaft | 1782 4. Konzil d. Theravadin in Thailand | | 1788 Besiedlung Australiens | 1798 Napoleon in Ägypten |
| 1869–1948 M. K. Gandhi | 1897 Mission in Hawaii | 19. Jh. Emanzipation der Juden in Europa<br>1917 Balfourdeklaration<br>1940–1945 Massenvernichtung durch Nazi-Deutschland | 1869–1870 I. Vatikanisches Konzil | 2. Hälfte des 19. Jh. Gründung von Kolonien und Protektoraten auf islamischem Gebiet (Indien, Ägypten, Nordafrika) |
| 1947 Polit. Unabhängigkeit | 1954 6. Konzil in Rangun (Burma) | 1948 Gründung des Staates Israel | 1948 1. Vollversammlung des Ökumen. Rates der Kirchen in Amsterdam<br>1962–1965 II. Vatikanisches Konzil | |

# Religionen der Erde

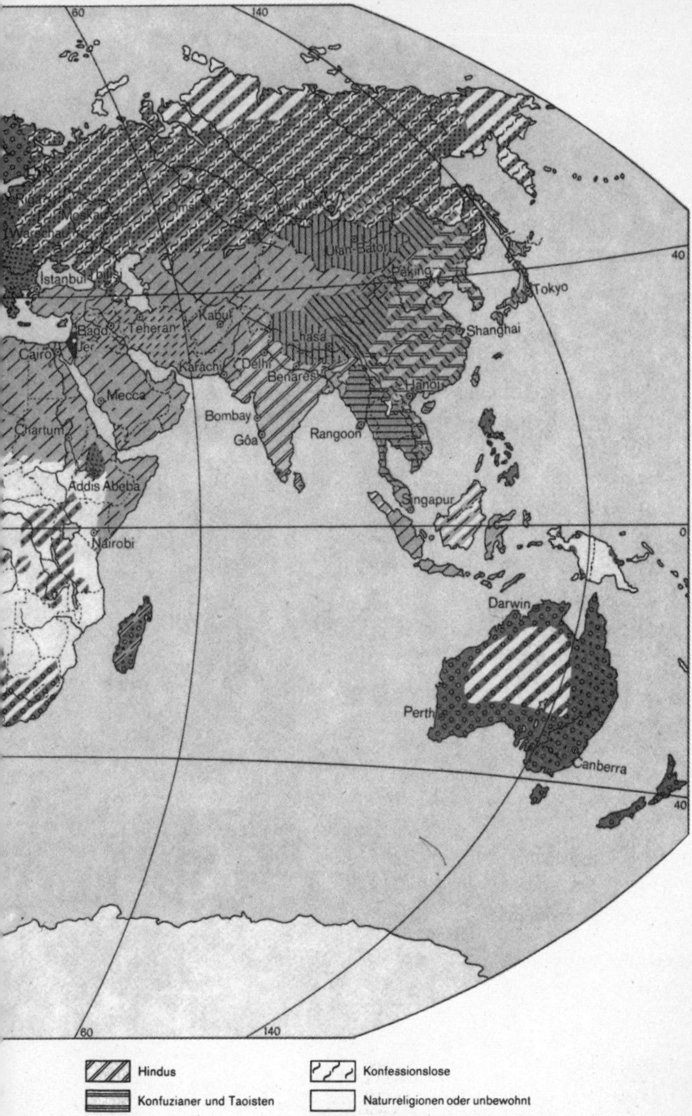
Omsk
Ulan-Bator
Peking
Tokyo
Istanbul
Kabul
Teheran
Cairo
Lhasa
Shanghai
Karachi
Delhi
Benares
Hanoi
Mecca
Bombay
Gôa
Rangoon
Chartum
Addis Abeba
Singapur
Nairobi
Darwin
Perth
Canberra
60
140
40
0
Hindus
Konfuzianer und Taoisten
Schintoisten
Konfessionslose
Naturreligionen oder unbewohnt
Gemischte Gebiete (Splittergruppen bleiben unberücksichtigt)

# Religionsstatistische Tabelle

| | |
|---|---|
| Christen | 1 640 000 000 |
| Muslime | 854 000 000 |
| Hindus | 658 000 000 |
| Buddhisten | 312 000 000 |
| Juden | 18 200 000 |

Die Christen stellen 33% der Weltbevölkerung dar, davon leben

| | |
|---|---|
| in Europa: | 512 000 000 |
| in Lateinamerika: | 401 000 000 |
| in Afrika: | 202 000 000 |
| in Asien: | 202 000 000 |
| in Nordamerika: | 185 000 000 |

Die Angaben beruhen auf den Erhebungen des amerikanischen Religionsstatistikers David Barrett von 1988.

# Die Autoren

PROF. DR. EMMA BRUNNER-TRAUT, *(Herausgeberin, Vorwort, Einleitung und Anhang)*, geb. 1911. Studium der Ägyptologie, klassischen Archäologie und Musikwissenschaft. Promotion Dr. phil. 1937 in München. Ordentl. Mitglied des Deutschen Archäologischen Instituts Berlin, der International Society for Folk Narrative Research, Paris, der International Association for the History of Religions, Jerusalem, und der Association internationale des Egyptologues, Paris. Im übrigen vgl. S. 4.

PROF. DR. PETER SCHREINER, *(Hinduismus)*, geb. 1945, studierte Indologie, Philosophie und Religionswissenschaft in Mainz, München, Philadelphia (USA), Münster und Benares (Indien). Er lebte und arbeitete 1974–86 in Tübingen (Seminar für Indologie und Vergleichende Religionswissenschaft), 1986–88 in New Delhi, 1988–89 in London (School of Oriental and African Studies), seit 1990 in Zürich (Abteilung für Indologie am Indogermanischen Seminar der Universität).

PROF. DR. ADEL-THEODOR KHOURY, *(Buddhismus)*, geb. 1930 im Libanon. Lizenziat der Phil. (1959), der Orientalistik (1960), Docteur ès Lettres (Lyon/Frankreich 1966), Privatdozent für Religionswissenschaft in Münster/Westf. (1966), apl. Prof. (1970), wissenschaftlicher Rat und Prof. (1970), Leiter des Seminars für Allgemeine Religionswissenschaft an der Katholisch-Theologischen Fakultät der Univ. Münster.

PROF. DR. ARNOLD M. GOLDBERG, *(Judentum)*, geb. 1928. Studium der semitischen Philologie, atl. Exegese und Ägyptologie in Freiburg, 1957 Promotion Dr. phil.; Lektor für Mittel- und Neuhebräisch. 1965 venia legendi für das Fach Judaistik; Privatdozent und wissenschaftlicher Rat in Freiburg. Seit 1970 Lehrstuhl für Judaistik in Frankfurt a.M.

PROF. DR. JOSEF VAN ESS, *(Islam)*, geb. 1934. Studium 1953–58; 1963–64 Forschungsaufenthalt in Beirut (Libanon), Reisen in den Ländern des Nahen Ostens; 1967 Visiting Professor an der University of California, Los Angeles; 1967–68 Visiting Professor an der Amerikanischen Universität in Beirut; seit 1968 Ordinarius für Islamkunde an der Universität Tübingen.

Bischof Dr. Walter Kasper, *(Christentum)*, geb. 1933 in Heidenheim/Br. 1952–56 Studium der Philosophie und kath. Theologie in Tübingen und München; 1957 Ordination; 1958 Repetent, 1961 Wiss. Assistent in Tübingen; 1964–70 o. Prof. für Dogmatik an der Universität Münster; 1970–89 o. Prof. für Dogmatik an der Universität Tübingen. Für die außerordentliche Bischofssynode Ende 1985 in Rom wurde er von Papst Johannes Paul II. zum theologischen Sekretär berufen. Seit 1989 Bischof von Rottenburg-Stuttgart.

Dr. h. c. Otto Küster, *(Diskussionsnotizen)*, geb. 4. 1. 1907 in Stuttgart. Studium der Rechtswissenschaft in Tübingen, München, Berlin. 1932 Richter in Stuttgart. 1933 wegen Bekämpfung des Nationalsozialismus entlassen. Seit 1935 Rechtsanwalt in Stuttgart. Nach Kriegsdienst 1945–54 Leiter der Gesetzgebungsabteilung im Justizministerium, 1947–54 zugleich Staatsbeauftragter für die Wiedergutmachung. Am 7. 3. 1989 gestorben.

# Erklärung der wichtigsten fremdsprachlichen Begriffe zum:

*Hinduismus*

| | |
|---|---|
| Atman (ātman) 29f., 38 | – Selbst, Seele |
| Avatara (avatāra) 34 | – Herabkunft (Gottes) |
| Avidya (avidya) 31 (Gegenstück: vidya) | – Unwissen (Gegenstück: Wissen) |
| Bhakti (bhakti) 36, 54 | – Hingabe, Gottesliebe |
| Brahman (brahman) 30, 38 | – das Absolute, das Sein |
| Dharma (dharma) 25f., 27, 28, 34, 38 | – Moral, Recht, Kultus, Sitte, Ordnung |
| Karma (karma) 28f., 32 | – Tun |
| Maya (māyā) 30, 38 | – Illusion |
| Moksha (mokṣa) 30, 31 | – Erlösung, Befreiung |
| Saccidananda (saccidānanda) 31 | – das Absolute = Sein + Geist + Freude |
| Shanti (śānti) 31 | – Frieden |
| Shruti (sruti) 23 | – Gehörtes bzw. Offenbarung |
| Smriti (smṛti) 23 | – Erinnerung bzw. Tradition |
| Varnaashrama (varnāśrama)-dharma 26 | – Ordnung der Kasten oder Lebensstadien |

*Buddhismus*

| | |
|---|---|
| Amidismus 55, 56 | – Heilsweg des Glaubens im japanischen Buddhismus, der sich auf den Buddha Amida bezieht |
| Bhikṣu 48 | – Bettelmönch im Buddhismus |
| Bodhisattva 49, 51 | – Anwärter auf die Erwachung, der sein endgültiges Heil zurückstellt, um den Menschen zu helfen |
| Buddha 40, 41, 49, 50, 55, 57 | – Erwachter, Erleuchteter |
| Dharma (Pāli: dhamma) 48 | – Die Lehre, der Heilspfad des Buddhismus |
| Duḥkha 41 | – Leiden, Grundeigenschaft des Lebens und der Welt |
| Hīnayāna 48 | – Kleines Fahrzeug, der ältere Buddhismus, auch Theravada- oder Shrāvaka-Buddhismus genannt |
| Jōdo 55 | – Schule des japanischen Glaubens-Buddhismus |
| Karman 42, 43, 48, 54 | – Frucht der Taten, die auch deren Vergeltung bestimmt |
| Mahāyāna 49, 50, 56, 57, 60, 64 | – Großes Fahrzeug, spätere Gestalt des Buddhismus |
| Mandala 59 | – Magische Kreise, Symbol des Weltalls im tantrischen Buddhismus |
| Mantra 59 | – Formeln bzw. heilige Texte |
| Nirvāṇa (Pāli: Nibbāṇa) (Nirwana) 46, 49, 51f., 53, 63 | – Das Transzendente, Absolute; der entsprechende Heilszustand der vollkommenen Lebensüberwindung |

| | |
|---|---|
| Pālikanon 40 | – In der altindischen Pāli-Sprache geschriebene heilige Schriften des Buddhismus |
| Shakti 57 | – Weibliche Gottheit, personifizierte Energie des männlichen Gottes |
| Shin 56 | – Schule im japanischen Amidismus. |
| Skandha 42 | – Daseinsfaktoren, aus denen der Mensch zusammengesetzt ist |
| Śunyatā (Pāli: Suññatā) 51 | – Leere |
| Yogacāra-Schule 53, 57 | – Schule des Mahāyāna, deren Lehre auf dem Ekstasezustand und dem Erlebnis des reinen Geistes fußt |
| Zen-Buddhismus (chinesisch: Ch'an) 54, 62 | – In China entwickelte und in Japan übernommene buddhistische Methode der Meditation als Weg zur Befreiung des Geistes und zum Heil |
| *Islam* | |
| Hadschdsch 73 | – Pilgerfahrt |
| Hidschra 68, 81 | – Emigration Mohammeds aus Mekka |
| Kaʿba 73, 82 | – Kultheiligtum mit schwarzem Stein in Mekka |
| Kalif 70, 72, 74 | – Nachfolger des Propheten als Herrscher |
| Orthopraxie 71, 86 | – gemeinsame Erfüllung der Gebote |
| Ramadán 72, 80 | – Fastenmonat |
| Schaháda 72 | – Glaubensbekenntnis |
| Schia und Sunna 71 | – Die beiden großen islamischen Konfessionen |
| Sunna 69 | – Aussprüche und Handlungen des Propheten |
| ʿulamá' 74 | – Juristen |
| *Judentum* | |
| Exil 93, 101 | – Fortführung der Juden nach Babylon (586 v. Chr.) |
| – der Schekhinah 94 | |
| Haggada 107 | – rabbin. und mittelalterl. jüdisches Schrifttum nicht gesetzlicher Bereiche |
| Halacha 88 | – Interpretation des mosaischen Gesetzes |
| Kabbalist 92 | – Anhänger einer Geheimlehre, auch – Mystiker |
| Mischnah 91 | – Normative Sammlung von Lehrstoff zum Gesetz |
| Pentateuch 99 | – Die fünf Bücher Moses |
| Proselyten 90 | – Ins Judentum aufgenommene Nichtjuden |
| Schekhinah 93f., 103 | – Einwohnung Gottes |
| Torah 90, 99f. | – Die Geschichts- und Rechtsbücher des Alten Testaments |
| Passah 101 | – Gedenkfeier des Auszugs aus Ägypten |
| *Christentum* | |
| Eucharistie 119, 124 | – Abendmahlfeier |
| Trinitätslehre 81–83, 116 | – Dreieinigkeitslehre |

# Kurzes Sach- und Namensregister

Damit die Stichworte den Beiträgen rasch zugeordnet werden können, hier die Seitenzahlen: Einleitung 13–18; Hinduismus 19–39; Buddhismus 40–66; Islam 67–87; Judentum 88–108; Christentum 109–131.